NOUVELLE

FORME ARCHITECTURALE

COMPOSÉE

PAR M. BOILEAU

ARCHITECTE

EXPOSÉ

—

NOTES ET APPRÉCIATIONS

PARIS

CHEZ L'AUTEUR, 11, RUE DE SÈVRES

ET CHEZ GIDE ET J. BAUDRY, LIBRAIRES-ÉDITEURS

5, RUE BONAPARTE

—

1853

L'architecture monumentale doit marquer notre époque d'un cachet caractéristique et spécial : telle est la conviction de l'auteur de cet écrit.

Les productions architecturales du XIXe siècle ne doivent pas rester de simples copies archéologiques des œuvres des diverses sociétés qui nous ont précédés. Tandis que dans presque toutes les autres branches de l'activité humaine, l'héritage de ces sociétés s'est si fort enrichi, l'art monumental ne peut pas rester stationnaire, et le moment au contraire est arrivé pour lui de faire un pas nouveau.

Le sentiment public s'accorde en ce point avec les convictions de l'auteur. Tous les appels qu'on fait aux artistes, toutes les demandes plus ou moins mal formulées d'un style nouveau, les plaintes amères contre la stérilité de l'architecture, qu'on entend répéter de tous côtés, ne sont que le pressentiment d'un progrès dont l'heure a sonné pour notre siècle.

Mais, dans l'ordre des travaux humains, un progrès n'est pas autre chose qu'une nouvelle puissance ajoutée à la masse des acquisitions déjà faites par nos devanciers. Le progrès véritable n'est jamais la destruction de ce qui l'a précédé ; il en est l'accomplissement et le perfectionnement. Une invention nouvelle en architecture ne doit donc pas être une rupture avec le passé ; elle ne doit, elle ne peut être que la suite et le développement de la tradition.

C'est après s'être bien pénétré de cette vérité, que l'auteur a entrepris de résoudre le problème, posé depuis longtemps déjà, de la création d'une nouvelle forme architecturale.

Déterminer les types architectoniques qui marquent les différents termes de la progression dans l'art monumental, en établir la série, constater le point le plus élevé que cet art ait atteint, pour de là s'élever plus haut encore ; — en un mot, résumer la tradition et déduire de ce travail le progrès à réaliser de nos jours : telle est la méthode qu'il a suivie et qui seule, selon lui, peut conduire au but.

L'auteur ose dire que l'œuvre à laquelle il a consacré sa vie lui a été inspirée par une vocation sincère, et qu'elle a été menée à fin par une conviction profonde. Dans l'accomplissement d'une tâche aussi rude, il lui fallait de tels motifs pour ne reculer devant aucun sacrifice, et pour s'exposer même à un reproche qui lui était pourtant bien amer, celui de négliger ses devoirs de père de famille.

Après avoir passé douze années à préparer son travail, il vient de consacrer à l'achever et à le produire, quatre années entières, dont l'emploi lui causerait un vrai remords, s'il n'avait pas réussi.

Mais, grâce à Dieu! il est fondé à croire qu'il n'a pas encouru un tel malheur. Les approbations motivées des juges nombreux et compétents auxquels il a soumis son travail, sont de nature à le rassurer à cet égard.

Pour faire connaître la solution qu'il a trouvée et pour la faire apprécier, l'auteur, à force de temps et de dépense, a effectué le double travail d'un livre et de plusieurs compositions monumentales dessinées ou en relief. Ces dessins et reliefs sont depuis longtemps offerts à l'examen des artistes, des constructeurs, des écrivains. Quant au livre, il est prêt, et la publication en serait très-prompte, si elle n'était arrêtée par des obstacles dans le détail desquels il est inutile d'entrer ici.

En cet état de choses, et en attendant la publication de l'ouvrage complet qu'il a préparé, l'auteur croit le moment arrivé d'en appeler au souverain juge, le public, et c'est avec confiance qu'il lui livre les principales pièces du procès.

On trouvera dans ce recueil :

1° L'exposé des principes qui ont guidé l'auteur dans sa composition monumentale;

2° Les appréciations diverses qui en ont été faites;

3° La réfutation de plusieurs objections qui se sont produites à son occasion;

Et 4° un aperçu général qu'un écrivain distingué a bien voulu faire de l'ouvrage dont il est parlé plus haut, suivi d'un extrait de ce même ouvrage.

Parmi les appréciations et jugements divers dont l'œuvre soumise au public a été l'objet, il en est une qui a un caractère officiel; c'est celle du conseil des bâtiments civils. On la trouvera plus loin. En soumettant son travail à un corps constitué de l'ancien régime, dont les membres en majorité ont la prétention d'immobiliser l'art dans les traditions du passé, l'auteur ne pouvait se faire illusion sur l'accueil qui serait fait à sa tentative. Mais outre qu'il lui semblait utile de faire enregistrer d'une manière authentique la date de son œuvre, il était évidemment bon, en un tel cas, de connaître le *pour* et le *contre* et de les provoquer tous deux. C'est au public à juger. En somme, les résultats de cette présentation ont été meilleurs pour l'auteur qu'il ne l'espérait; il ne s'attendait pas, il l'avoue, à rencontrer dans le conseil l'appui d'une minorité aussi décidée.

En terminant ces explications préliminaires, l'auteur croit devoir exprimer le vœu que les hommes de progrès, ses concitoyens, qui sont comme lui jaloux de l'honneur national, veuillent bien donner une attention bienveillante aux pièces qu'il leur soumet. Il espère qu'ils y puiseront une conviction assez positive pour l'appuyer dans les efforts qu'il fera toujours, afin que la France prenne l'initiative dans la réalisation du progrès de l'art monumental.

PRINCIPES

QUI ONT GUIDÉ L'AUTEUR

DANS LA COMPOSITION DE SA NOUVELLE FORME ARCHITECTURALE

I. — Comment l'architecture, ou, pour parler plus exactement, l'art monumental (car il s'agit ici des productions artistiques et complètes que l'architecture met au jour dans l'érection des monuments nationaux, et non des combinaisons industrielles auxquelles elle est presque entièrement réduite dans la construction des habitations particulières), comment l'art monumental, disons-nous, peut-il être affranchi de la servitude de l'imitation qu'il subit depuis longtemps, et parvenir à prendre, pour notre époque, un de ces caractères distinctifs dont l'histoire nous montre la succession progressive dans le passé?

Telle est la question qui est posée depuis nombre d'années, et qui préoccupe plus que jamais les esprits de notre temps. Dès la fin du XVIIe siècle, alors que l'art monumental montrait encore, sinon des créations proprement dites, au moins des modes spéciaux appelés *styles*, l'aspiration qu'on vient de signaler se manifestait ouvertement. Dans ses élans de gloire universelle, Louis XIV lui-même proposa un prix pour l'invention d'une nouvelle architecture. Malheureusement, à cette époque, on croyait, sur la foi de Vignole, qu'on ne pouvait faire autre chose que d'augmenter le nombre de ces *ordres* qu'il avait établis comme le dernier mot de l'architecture, et les tentatives que l'on fit n'aboutirent qu'à une déplorable modification du chapiteau corinthien dans laquelle l'ajustement de quelques fleurs de lys fut le point le plus saillant. Le titre pompeux d'*ordre français* dont cet essai fut décoré n'a pu le sauver de l'oubli.

Les encouragements du puissant roi restèrent en définitive stériles sous ce rapport; et, comme pour prouver l'insuffisance des règles classiques et de l'autorité de Vitruve et de Vignole, si l'art monumental produisit quelques détails nouveaux, ce ne fut qu'en s'écartant des principes de l'école. C'est ainsi qu'on vit des modes spéciaux se produire encore, dans la décoration seulement, jusqu'au commencement de notre siècle. Il est constant que ce fut en dépit des prôneurs exclusifs de l'antique et uniquement au nom de la mode, qui donne le change aux tendances du progrès dans les époques de transition, que les divers genres d'ornementation qu'on nomme styles de Louis XIV, de Louis XV, de Louis XVI et de l'Empire virent le jour.

Malgré le peu d'avenir réservé à ces essais artistiques, il y avait encore dans cet état de choses une certaine vitalité de la partie accessoire de l'art monumental qui ne se manifeste plus depuis le commencement du XIXe siècle. A partir de ce moment, il n'y a plus de styles temporaires ni d'unité saisissable dans les productions. L'archéologie, plus ou moins pure, préside seule à la pratique de l'art. Chaque artiste imite et reproduit le style qu'il préfère. Il fallait sans doute ce passage de l'individualisme, qui fait retomber dans l'oubli les écoles stationnaires et qui intronise la liberté dans l'art, pour déblayer les obstacles et préparer une unité normale. De son côté, l'archéologie, en cessant d'être exclusive et en élargissant le champ de ses investigations, accomplit une mission qui aura de bons résultats. On a décrit avec justesse le mouvement qui s'opère, en disant, qu'en fait d'art, notre siècle est comme un écolier qui étudie et revoit ses maîtres avant de se livrer à l'invention. Depuis vingt-cinq ans, en effet, on recueille des matériaux qui manquaient auparavant, et l'on prépare de la sorte une histoire générale de l'art monumental, dont ces livres usuels, qui effleuraient à peine l'architecture gréco-romaine, ne donnent aucune idée.

II. — Au milieu de tous ces préparatifs, la question dont il s'agit est toujours pendante; sa solution a déjà provoqué beaucoup d'efforts et de tentatives; elle préoccupe tellement les esprits que l'on peut dire que la fausse voie que l'on a suivie jusqu'à présent a pu, seule, empêcher beaucoup de concurrents d'y arriver [1]. Depuis l'avénement de la *renaissance*, — qui n'a été, en définitive, que l'essai d'une nouvelle mise en œuvre de l'art antique au sein de la civilisation chrétienne, dont le génie avait pourtant rompu avec cet art en le surpassant, — plusieurs des plus puissants moyens de réussite de l'art monumental moderne ont été abandonnés, et cet abandon a contribué à égarer les esprits au point de leur faire perdre de vue le véritable guide de l'inspiration artistique. D'abord le grand principe d'unité, qui gouvernait les artistes du moyen âge et qui leur donnait cette entente toute particulière de la masse générale des édifices, au moyen de laquelle ils appropriaient si heureusement chaque détail à l'ensemble et subordonnaient avec tant de tact les auxiliaires de l'architecture, tels que la peinture et la sculpture, aux lois rigoureuses de l'art monumental; ce principe d'unité, disons-nous, fut compromis par la séparation et l'isolement des spécialités des beaux-arts, quand le statuaire et le peintre cessèrent de s'identifier avec les conceptions de l'architecte et voulurent faire sortir leurs productions du cadre monumental, où elles étaient placées d'une manière aussi avantageuse pour leur effet particulier que pour l'harmonie générale.

Puis, les anciens maîtres-des-œuvres, qui avaient été choisis pour présider à la direction de l'ensemble des monuments, parce que à leur talent d'exécutants, tailleurs de pierre, maçons ou charpentiers, ils joignaient des facultés sentimentales et un esprit synthétique, ayant été remplacés par des architectes, qui n'avaient d'autre pratique que celle du dessin, il n'y eut plus d'ordonnateurs ayant l'autorité nécessaire pour relier et coordonner les diverses branches de l'art monumental. Alors, l'individualisme, qui ne

1. Voir la dernière pièce de ce recueil diverses citations de documents émanés du *Comité historique des Arts et Monuments* et de l'*Académie des Beaux-Arts*.

produit que des choses secondaires et qui préconise les détails au détriment de l'ensemble, commença d'entrer dans l'art. Les accessoires ayant pris une importance exagérée au détriment du principal, on réussit mieux dans l'exécution de ces fragments de l'art monumental, qui peuvent être considérés comme des meubles, à cause de leurs dimensions restreintes et de la prédominance du métier sur l'art qu'on y trouve, que dans celle des monuments proprement dits. Cela est si vrai qu'à partir de ce moment on ne produisit des œuvres appartenant réellement à cette dernière classe qu'en conservant le plan et la masse des monuments antérieurs sur lesquels on plaqua des détails antiques, comme on le voit à Paris à Saint-Eustache, et, dans un autre genre, à Saint-Sulpice,. De cette rupture de l'unité de direction dans les œuvres d'architecture, il résulta une nouvelle division des deux éléments constitutifs qui, aux belles époques, ont toujours suivi une marche parallèle et accusé des progrès simultanés. La construction et la décoration furent cultivées séparément et donnèrent lieu à des spécialités qui n'eurent plus de lien commun. Il y eut, d'une part, les simples décorateurs qui prirent la fantaisie pour règle, et, de l'autre, les constructeurs industriels qui s'efforcèrent d'appliquer la science pure et dont les ingénieurs modernes sont les nobles représentants.

Aussi, quand il s'est agi de porter remède à cet épuisement de la sève de l'art que nous avons constaté d'après les aveux de l'opinion, certains décorateurs, persuadés que le vêtement de l'architecture est tout, ont cru qu'ils arriveraient à un résultat, en donnant libre carrière à tous les caprices de leur imagination ; mais comme cette faculté, féconde en rêves brillants, ne vit que de souvenirs, et ne peut, dans la réalité de l'art, que combiner des images reçues, ils n'ont réussi qu'à mêler entre eux les ornements des différents styles, c'est-à-dire à introduire dans l'art une sorte de syncrétisme qui est le signe certain de l'impuissance.

D'autres, admirateurs exclusifs de la décoration antique, ont voulu la prendre pour point de départ de leurs innovations, faute d'avoir réfléchi que, l'art monumental ayant accompli un progrès considérable sous l'influence du christianisme, ils s'exposaient, en ne tenant compte que de l'avant-dernier terme de la progression, à recommencer la série des travaux qui avaient abouti au dernier terme où cette progression s'est élevée. En effet, en supposant que les conditions dans lesquelles nous sommes placés maintenant eussent permis à ces décorateurs de procéder logiquement, ils n'auraient fait que retrouver les données de l'art postérieur à celui auquel ils demandaient leurs inspirations. Mais comme ils reculaient devant les conséquences naturelles du raisonnement qui les auraient conduits à reproduire les œuvres du moyen âge, ils sont restés en route ; car on ne peut admettre que des modifications très-minimes de détail, apportées dans les ordonnances des anciens, ou des lambeaux de vêtements décoratifs ajustés sans discernement aux constructions les plus diverses, puissent constituer un nouveau style et résoudre le problème d'une nouvelle architecture.

Les constructeurs ont mieux réussi dans leur spécialité. En utilisant les progrès des sciences et de l'industrie ils ont perfectionné l'art de bâtir sous le rapport économique et fait valoir des ressources nouvelles dont on peut tirer bon parti. Toutefois, le squelette qu'ils ont préparé ne recevra la vie que par l'union intime de l'art, de la science et de l'industrie.

Les plus sages parmi les ordonnateurs des édifices publics, dans ces derniers temps, sont ceux qui ont pris le parti de faire de simples copies archéologiques en attendant mieux. Il y a certainement quelque chose de providentiel dans la mission qu'ils ont acceptée, car il fallait que tous les genres d'architecture, et principalement celui du moyen âge, fussent maniés de nouveau, de manière à être rendus familiers et susceptibles d'être comparés sérieusement, avant de tenter un progrès qui doit résumer tous ces genres et ajouter des perfectionnements logiques au plus parfait d'entre eux.

III. — L'auteur est arrivé à la solution qu'il propose en s'efforçant de rétablir la question dans ses véritables termes. Certain qu'un progrès dans quelque branche de l'activité humaine que ce soit, ne peut être qu'un accroissement de ressources et de résultats ajoutés aux ressources et aux résultats qui existent déjà, qu'un développement des œuvres qui doit réunir tout ce qui est acquis dans la spécialité et résumer la tradition, il s'est attaché à déterminer, à l'aide de l'histoire universelle, les progrès successifs qui ont eu lieu dans l'art monumental, ayant soin de n'isoler jamais, dans cet examen, les deux éléments constitutifs de cet art : la construction et la décoration. De la sorte, il n'a reconnu comme termes de la progression que les phases où le progrès de l'ensemble résulte du progrès simultané dans chacune de ses parties; et il a classé seulement comme perfectionnements de détail, les modifications ou améliorations qui ne se sont manifestées que dans l'un ou l'autre de ces éléments. Ces termes de progression une fois épuisés, il a constaté quel est aujourd'hui le dernier terme connu, ou si l'on veut celui qui marque le point le plus élevé auquel l'art monumental soit parvenu dans sa marche ascendante.

Ce degré qui n'a pas été dépassé, c'est, aux yeux de l'auteur, celui que l'art monumental du christianisme a atteint aux XIIe et XIVe siècles. Il faut se rappeler qu'il s'agit toujours des inventions capitales, marquées du sceau d'une phase de civilisation, ou, selon les termes de classification adoptés par l'auteur, des *synthèses*, qui comportent un nouveau *système* de construction et un nouveau *style* de décoration. Du reste, il n'entend pas nier les perfectionnements de détail qui ont enrichi, soit l'art de bâtir, soit l'art de décorer, depuis la synthèse chrétienne; on verra même qu'il les utilise.

Il résulte de l'histoire des progrès de l'art monumental, que l'auteur a encadré dans l'ouvrage qu'il s'apprête à publier, que les monuments typiques ou religieux (car c'est tout un pour ceux des premiers temps, la confection des abris humains étant hors de cause), sont d'autant plus massifs dans leur construction, qu'on remonte vers l'origine de l'architecture; qu'au contraire, au fur et à mesure qu'on avance vers les temps modernes, les constructions s'évident et s'allégissent en même temps qu'elles dénotent une extension progressive des ressources croissantes de la science et de l'industrie. De son côté, par suite d'une corrélation logique facile à saisir, la décoration suit les progrès de l'art et chaque nouveau système de construction engendre une décoration nouvelle, vêtement de plus en plus riche et de mieux en mieux travaillé, en raison de ce que la construction qu'il doit recouvrir est plus savante.

On sent que l'auteur ne peut pas exposer ici la série des synthèses, des systèmes et des styles qu'il a définis et classés; il se contentera donc de donner une idée de la somme des progrès accomplis en opposant les deux extrêmes de la progression. Chacun peut, en effet, mesurer la distance qu'il y a entre les monceaux de terre ou les amoncellements de pierres qui constituent les monuments primitifs (tumulus ou pyramides), quelquefois ornés de simples gradins, et autour desquels les cérémonies du culte avaient lieu à ciel découvert, et nos cathédrales ogivales, vastes, élancées, dégagées à l'intérieur, luxuriantes d'ornementation, dont les voûtes hardies abritent tous les fidèles, depuis le pontife suprême jusqu'à l'humble manœuvrier.

IV. — Une fois assuré que l'architecture ogivale est le dernier terme connu de la progression de l'art monumental, la logique indiquait ce qu'il y a à faire pour aller plus loin: c'est de développer à la fois le système de construction et le style de décoration qui caractérisent cette architecture, et de perfectionner l'un et l'autre dans ce que l'expérience et l'avancement des connaissances auxiliaires de cette spécialité ne permettent plus de reconnaître comme irréprochable. Or, l'auteur, qui a eu le bonheur de faire construire une église ogivale, se trouvait placé dans des conditions favorables pour entreprendre ce travail sans se heurter contre l'écueil des préventions communes. Si ses études approfondies sur la théorie de l'art en général et sur l'essence de l'art chrétien en particulier, ont porté au plus haut point son admiration pour l'architecture ogivale, elles ont aussi empêché cette admiration d'être aveugle, et c'est parce qu'il apprécie l'art chrétien comme il mérite de l'être, qu'il veut le continuer en renouant le fil de la tradition que la renaissance a rompu. Il s'abuse si peu qu'il ne pense pas, sauf le parti qu'il a tiré de quelques ressources nouvellement acquises pour l'exécution, avoir fait autre chose que ce que les successeurs des maîtres du moyen âge auraient fait eux-mêmes, si la réaction de l'antique n'avait déterminé un temps d'arrêt dans le développement de l'architecture chrétienne. Qui pourrait soutenir, en effet, que cette architecture, qui avait fait des progrès si rapides depuis le xe siècle jusqu'au xve, n'aurait pas continué à en faire, si elle n'eût pas été abandonnée par suite du même affaiblissement de l'inspiration religieuse, qui, en autorisant les licences artistiques de la seconde moitié du xve siècle, donnait gain de cause aux prôneurs de l'antique?

Il y avait donc deux choses à faire avant de procéder à l'invention : en premier lieu, résumer les tendances du progrès dans l'art monumental; en second lieu, reconnaître les *desiderata* que dénotent les produits les plus avancés de cet art, afin de rechercher quels sont les moyens dont on dispose aujourd'hui pour les faire disparaître.

En ce qui concerne le premier point, on a déjà vu que l'histoire du progrès dans la construction avait révélé à l'auteur la tendance générale de l'amoindrissement graduel de la quantité de matière employée dans la partie solide des édifices, correspondant à un accroissement de l'évidement interne de leurs masses; ou, en d'autres termes, de l'augmentation progressive des vides par la diminution des pleins. La généralité de

2

cette tendance contient virtuellement toutes les inventions et tous les perfectionnements qui ont fait avancer l'art de bâtir, tels que la plate-bande, l'arc, la voûte, etc., ainsi que la succession des apports faits à cet art par la science de la mécanique, depuis la simple application de la pesanteur des corps solides jusqu'à celle de la stabilité par l'équilibre, depuis le plan incliné qui servait à amonceler et à superposer les pierres des constructions primitives, jusqu'aux machines qui furent mises en œuvre pour établir les voûtes légères et élancées de la construction ogivale.

Quant à la tendance de la décoration, il serait trop long de l'expliquer; aujourd'hui d'ailleurs, que les notions de l'archéologie font partie de l'instruction de la jeunesse, tous ceux qui ont feuilleté quelques-unes des collections qui sont dans toutes les mains et qui ont comparé entre eux les motifs de la décoration égyptienne, grecque, romaine, byzantine, romane et ogivale, ont une idée de la marche de cette spécialité.

Relativement au second point, c'est-à-dire aux perfectionnements à introduire aujourd'hui, il est essentiel de distinguer d'abord, dans le système le plus avancé, c'est-à-dire dans le système ogival, ce qui constitue le caractère distinctif, la base d'invention de ce système, de ses conséquences secondaires et des accessoires fâcheux qu'on a subis à l'origine pour le réaliser.

V. — L'esprit de charité qui est le fondement du christianisme, en enseignant que les hommes sont frères, fit admettre tous les fidèles, sans distinction de rang ni de naissance, à la célébration des mystères; par le baptême, il conféra le titre d'enfants de Dieu à ces esclaves auxquels le paganisme refusait les consolations de la religion. Alors le sanctuaire antique, dont les prêtres voués au culte du polythéisme avaient seuls l'entrée, dut être élargi de manière à contenir le plus grand nombre des chrétiens demeurant au même lieu. Il dut aussi offrir un couvert spacieux à la foule des nouveaux convertis qui venaient recevoir de la bouche des évêques les enseignements de la parole divine.

Après avoir utilisé d'abord, pour leurs besoins nouveaux, ceux des édifices antiques qui s'y prêtaient le mieux, c'est-à-dire les basiliques, les chrétiens ne cessèrent de poursuivre la création de l'art monumental qui devait être l'expression de leur croyance et la manifestation du triomphe de la doctrine nouvelle sur les idées anciennes. Enfin, tout ce que l'antiquité avait produit en fait d'art ayant été résumé d'une part dans l'art latin, et de l'autre dans l'art byzantin, et ces deux éléments ayant été combinés dans une dernière fusion, la synthèse chrétienne fut formulée et l'art monumental chrétien arriva au terme de son enfantement avec le système roman, pour s'élever bientôt à son apogée avec le système ogival.

Avant d'aller plus loin, l'auteur doit faire remarquer que c'est à dessein qu'il emploie le terme de *système* pour désigner la combinaison architectonique dont l'ogive est le trait particulier. En effet, du point de vue où il s'est placé pour suivre les progrès de l'architecture avec les yeux d'un constructeur, les dissertations oiseuses auxquelles une définition erronée du mot *ogive* a donné lieu, ne sauraient avoir aucune valeur pour lui. Il ne s'arrête donc pas à la figure formée par la réunion de deux lignes courbes; ce qu'il considère, c'est la disposition générale de l'ensemble monumental, qui fournit un système complet de construction, dont l'ogive, prise dans sa véritable acception, est le moyen générateur.

Maintenant il est aisé de voir que nos cathédrales du XIIIe siècle offrent la solution complète du problème de l'art monumental moderne. Sous le rapport de la construction, on y trouve tout d'abord une invention capitale, qui met un abîme entre elles et les monuments antérieurs à la synthèse chrétienne; c'est celle de l'*ossature* du système ogival qui existait en germe dans le système roman.

Jamais auparavant la stabilité des monuments n'avait eu pour unique base ce squelette de côtes solides, qui reçoit comme garnitures d'immenses vitrages pour les clôtures et de légers panneaux de voûtes pour les fermetures supérieures. Nulle part ailleurs on ne trouve ces arcs-nervures croisés diagonalement qui renforcent les intersections des voûtes d'arête et qui sont le véritable fondement du système ogival, comme leur ancien nom, maintenant connu, de *croisées d'ogives* (ou d'*augives*) l'atteste. C'est cette admirable disposition qui a fourni aux constructeurs chrétiens la solution du problème qu'ils poursuivaient et qui leur a permis de réaliser matériellement la signification du mot *église*, qui veut dire assemblée des fidèles. Par elle, ils obtinrent en effet l'immensité et l'élancement, qui satisfont aux besoins du symbolisme le plus élevé de la religion chrétienne en même temps qu'à ceux de la liturgie consacrée et de l'hygiène bien entendue. La grandeur du résultat obtenu démontre la puissance du mobile en vertu duquel ils travaillaient, quand on songe avec quel bonheur ils ont résolu, par la seule impulsion du sentiment, les plus difficiles problèmes de la géométrie descriptive, qui n'a pourtant été formulée en corps de science que dans ces derniers temps, par l'illustre Monge.

En résumé, les nombreuses marques de supériorité que porte le système ogival ne permettent pas de douter qu'il ne soit le plus avancé de tous ceux connus; il surpasse ceux qui le précèdent et n'a été surpassé par aucun autre dans les constructions exécutées depuis. Nos plus grands maîtres en construction, et notamment Frezier et Rondelet, lui ont rendu hommage, malgré les préventions qu'ils partageaient au sujet de l'art du moyen âge[1]. Ce système est encore celui au moyen duquel on peut produire les plus grands édifices avec le moins de matière. Cela est si vrai que, toutes les fois qu'on s'en est écarté dans la construction des églises, on a été réduit à faire des bâtisses massives et à dépenser beaucoup plus de matière qu'il n'était nécessaire, au détriment du mérite artistique. Il suffit de considérer Saint-Pierre de Rome, Saint-Sulpice et le dôme des Invalides, à Paris, pour reconnaître la vérité de cette assertion, qui est démontrée d'ailleurs par des calculs bien simples. Dans le plan de la cathérale de Paris, qui est un des édifices les plus massifs du système ogival, les pleins n'occupent guère qu'un neuvième de la superficie totale des constructions, tandis que dans les plans des édifices

1. Voir *la Théorie et la pratique de la coupe des pierres et des bois*, etc., par Frezier, 1754; *l'Art de bâtir* de Rondelet, et aussi l'excellent ouvrage intitulé : *Traité d'architecture*, que M. Leonce Reynaud a publié récemment.

plus modernes que nous avons cités, de même que dans celui du Panthéon d'Agrippa, à Rome, les pleins occupent plus du quart de la superficie totale. La différence est déjà sensible, mais il est des constructions ogivales plus avancées que celles de la cathédrale de Paris, qui en offrent de bien plus considérables encore. Dans le plan de Saint-Ouen de Rouen, par exemple, les pleins occupent moins du douzième de la superficie totale; et si, au lieu de s'en tenir à la comparaison des plans seulement, on cherchait le rapport des pleins et des vides dans les trois dimensions des édifices comparés, si l'on établissait le rapport du cube de la matière employée avec celui de l'espace libre, on arriverait à un résultat encore plus significatif.

VI. — L'invention de l'ossature étant le sceau de l'art monumental moderne, le principe de fécondité qui contient virtuellement tous les progrès futurs, il est évident que loin d'abandonner cette invention, il faut s'efforcer de la perfectionner et de la développer. C'est ce que l'auteur a compris, mais en examinant les heureux résultats de ce point de départ, au point de vue des connaissances de l'art de bâtir, il a été frappé de l'arrangement vicieux de certains accessoires, qui lui ont paru avoir été tolérés au début de l'œuvre en faveur des immenses avantages qui avaient été acquis, avantages dont on pouvait certainement se contenter alors.

Malgré son enthousiasme pour le système ogival, ou plutôt à cause de cet enthousiasme même, l'auteur reconnaît que c'est avec raison que des critiques éclairés ont condamné les arcs-boutants isolés, dont les grands édifices construits selon ce système sont hérissés. Il est évident, en effet, que ces soutiens comportent deux sortes d'inconvénients: sous le rapport de l'aspect, la sensation qu'ils produisent se traduit à l'esprit par l'idée d'une forêt d'étais qui, de certains points de vue, masque presque entièrement l'ordonnance des fenêtres; sous le rapport de la conservation des édifices, l'expérience a démontré que ces parties maigres, essentielles à la stabilité et exposées aux injures du temps, se détruisent promptement et compromettent par leur affaiblissement la durée des constructions qu'elles appuient. C'est de là qu'est venu l'élargissement, par le haut, qu'on remarque dans la presque totalité des grandes nefs des églises romanes, dont les voûtes étaient généralement garnies d'arcs-doubleaux trop lourds, et dans plusieurs grandes nefs d'églises ogivales; où cependant les arcs-doubleaux sont mieux proportionnés. La reconstruction des arcs-boutants de l'abside de la cathédrale de Paris, qu'on a été obligé d'entreprendre tout récemment, et le hors-d'aplomb des latéraux de la grande nef de cette basilique, viennent à l'appui des reproches dont les appendices dont il s'agit ont été l'objet.

L'auteur est si persuadé que les constructeurs du moyen âge eux-mêmes, n'avaient subi ce reste d'impuissance que dénote l'emploi des arcs-boutants, que comme moyen transitoire, qu'il n'hésite pas à dire que leurs successeurs l'auraient infailliblement effacé, si les écarts en tous genres de la fin du XVe siècle, n'avaient motivé l'invasion de la renaissance et amené un temps d'arrêt dans le développement du système ogival.

Il professe la même opinion à l'égard de la double construction qui résulte de la superposition des combles aux voûtes et qui donne lieu à un mensonge en architecture par la différence qu'elle apporte entre la forme externe et la forme interne des édifices, mensonge qui entraîne en outre un surcroît de dépense, que l'économie industrielle de l'art de bâtir n'autoriserait qu'en faveur d'un résultat tout opposé. En admettant l'hypothèse émise ci-dessus, l'auteur pense qu'on aurait d'autant plus facilement corrigé ce défaut qu'on trouvait dans une catégorie des édifices chrétiens de l'art byzantin des essais de ce genre dont on pouvait tirer parti. Ces édifices orientaux, dont il a été fait plus tard des imitations à Venise et même en France [1], sont dénués de combles et offrent des parties de voûtes couvertes sur leur extrados. Il est vrai qu'indépendamment de l'appropriation qu'il y avait à faire de ces couvertures à notre climat, il y avait encore une autre difficulté à vaincre. Les voûtes en question, qui marquent la transition entre les voûtes romaines et les voûtes ogivales, encore pleines et lourdes, n'avaient pu couronner que des édifices de petite dimension. On ne pouvait les appliquer à des monuments de l'importance de nos cathédrales qu'en les traitant avec les ressources de l'ossature ogivale, et comme cette belle invention était dédaignée et méconnue par les constructeurs de la renaissance, le perfectionnement qu'on pouvait effectuer alors fut remis à un autre temps.

On comprend qu'on ne peut s'occuper ici des autres points de détail sur lesquels l'architecture ogivale laisse à désirer, quand on l'examine avec les connaissances de notre époque. Les deux *desiderata* qui viennent d'être signalés priment tout, ils entraînent, comme conséquences, un certain nombre de corrections secondaires.

VII. — Le style de décoration, qui a complété le système ogival, n'a pas dérogé à cette loi de corrélation dont il a été parlé. Largement empreint du même progrès qui s'est manifesté dans la construction, il a montré une originalité et une puissance incomparables. Le parti que les artistes du moyen âge ont tiré des verres peints pour augmenter la magnificence des édifices, peut être considéré comme une invention équivalente à celle de l'ossature, invention qui suffit à établir une ligne de démarcation bien tranchée entre le style ogival et les styles antérieurs. Toutefois, par cela même qu'elle découle de la construction, cette décoration en partage les défauts en plusieurs points. On conçoit aussi qu'elle soit, dans tout ce qui concerne les procédés d'exécution, au-dessous de ce qu'on pourrait faire aujourd'hui, en supposant qu'on fût en possession de la force de sentiment qui est la première condition de la puissance [2].

VIII. — On sait maintenant comment l'auteur a procédé pour faire progresser l'art monumental sans rompre avec la tradition. Partir de l'architecture la plus avancée qu'on connaisse en art et en construction, c'est-à-dire de l'architecture ogivale, conserver l'expression symbolique et sentimentale qui lui est propre, développer le principe de l'ossature sur lequel elle repose, supprimer les arcs-boutants qui lui nuisent, enlever

1. Voir l'ouvrage intitulé : *l'Architecture byzantine en France*, par M. Félix de Verneilh.

2. Les grands travaux exécutés sous la direction de MM. Viollet-Leduc, Lassus, et beaucoup d'autres ouvrages parmi lesquels nous pouvons mentionner ceux que nous avons fait exécuter nous-même, montrent que les résultats qu'on obtient aujourd'hui, sous le rapport du fini, ne le cèdent en rien à ce qui a été fait aux époques où l'on ne ménageait pas les frais.

toute disposition mensongère dans la forme et économiser tous les matériaux qui font double emploi dans l'exécution : tel a été son programme. Les modèles et les dessins que l'auteur communique aux personnes qui s'adressent à lui, font comprendre comment il a réalisé ce programme.

La nouvelle forme architecturale que l'auteur a composée, dans le but de répondre à la question dont il s'agit, est engendrée par une disposition de voûtes complétement inconnue jusqu'à présent. D'abord elle évite les angles rentrants que comporte la réunion des voûtes-d'arète ogivales, de sorte que la couverture étant appliquée, non pas immédiatement sur l'extrados de la voûte intérieure, mais sur une surface de même courbure laissant entre elle et cet extrados un intervalle enfermant une couche d'air, la couverture, disons-nous, est établie dans de bonnes conditions pour l'écoulement des eaux pluviales. Ensuite les arcs-nervures de ces voûtes, qui contribuent puissamment à l'ornementation, réunissent la fonction de soutiens pour les remplissages et la couverture, et celle d'arcs-boutants garantis par cette même couverture qui les enveloppe.

Voici quel est, dans le système de l'auteur, la disposition, toute particulière, des arcs-nervures qui déterminent la forme des voûtes. Dans les travées des collatéraux ou nefs secondaires, dont l'ensemble contre-boute la nef centrale, il y a, sur chacun des côtés du carré, une nervure décrivant en élévation un quart de cercle (ou une moindre portion de circonférence). Ces quatre nervures se combinent deux à deux d'une manière ascendante. Les deux premières, partant ensemble du point le plus bas, s'écartent en retour d'équerre et s'élèvent, l'une dans le sens longitudinal, et l'autre dans le sens transversal des nefs; les deux autres, dont les pieds partent du sommet des précédentes, s'élèvent au contraire en se rapprochant à leur sommet pour arriver au même point, également en retour d'équerre. Une seule nervure diagonale pour chaque travée s'élance du point de naissance des deux premiers arcs vers le point le plus élevé des deux seconds. C'est également un arc de cercle dont l'écartement des points d'appui dans le sens diagonal et la hauteur atteinte par les quatre arcs élevés sur les côtés du carré, donne le rayon, le centre étant placé sur la ligne horizontale qui passe par le pied de cette nervure diagonale.

On peut encore donner une idée de l'inclinaison dans les deux sens, longitudinal et transversal, de l'ensemble de la voûte d'une travée de collatéraux, en disant que toutes les extrémités des arcs-nervures qui en font partie passent par les quatre angles d'un plan de forme losange, lequel plan serait la section d'un prisme à base carrée, faite obliquement dans le sens diagonal.

La forme de voûte ou de voussure connue, dont celle engendrée par l'ossature qui vient d'être décrite, approche le plus, quand elle est garnie de ses remplissages, est celle qu'on connaît sous le nom de *pendentif* : ressemblance bien éloignée sans doute, puisque indépendamment de la différence qu'il y a dans la formation géométrique des surfaces, l'application des arcs-nervures en constitue encore une bien plus considérable dans la construction.

On a dû remarquer que cette disposition nouvelle réduit les deux nervures diagonales de la voûte d'arête ogivale à une seule, et le nombre des triangles de remplissage à deux, au lieu de huit; ce qui procure une simplification notable.

Les travées de voûte de la nef centrale ayant pour plan un rectangle, dont les grands côtés, disposés dans le sens transversal des nefs, ont le double de longueur des petits disposés dans le sens longitudinal, affectent la forme désignée par les exécutants sous le nom d'*arrière-voussure de Marseille*, si l'on fait abstraction des arcs-nervures qui y sont introduits et qui apportent une différence notable dans la construction. Les remplissages de chacune de ces voussures s'appuient sur une ossature ainsi composée : sur le grand côté antérieur s'élève une ogive; sur le grand côté opposé ou postérieur traverse un arc de segment de cercle, et sur chacun des petits côtés se trouve un des arcs en quart de cercle qui entourent les carrés des collatéraux; deux nervures diagonales croisées qui partent du point le plus bas pour retomber en un point plus élevé situé au sommet des quarts de cercle latéraux, comme le feraient des arcs-rampants, complètent cette ossature.

Faisons remarquer, en passant, que les extrémités de tous les arcs-nervures qui composent l'ossature des voûtes retombent sur des points d'appui ou piliers isolés. Ces soutiens, qui peuvent être d'un petit diamètre, vu le peu de poids qu'ils ont à supporter, sont surmontés à l'extérieur de prolongements destinés à garnir tous les angles rentrants de la couverture et dont la décoration tire parti, soit en les traitant en amortissements, soit en les disposant de manière à recevoir des statues. Les piliers qui se trouvent à la limite extérieure de la construction sont reliés entre eux par des réseaux à jour garnis de vitraux et qui, avec leurs murs de soubassements, forment la clôture de l'édifice.

Maintenant il est facile de comprendre comment chacune de ces voussures de la grande nef, ayant sa naissance à la partie supérieure de celle qui la précède, c'est-à-dire comment l'ogive de la partie antérieure de l'une reposant sur les mêmes points qui portent l'arc de segment de cercle de l'autre, la surface plane et verticale circonscrite par ces courbes, devient une fenêtre.

Ainsi, contrairement à ce qui se voit dans les églises ogivales, où les fenêtres qui éclairent la grande nef par le haut sont placées latéralement, celles que ménage le système de l'auteur, se présentent en face et perpendiculairement au grand axe des édifices, échelonnées les unes au-dessus des autres dans une suite de plans successifs. Il résulte de cette disposition que l'observateur jouit à la fois de la vue de toutes les fenêtres qui se trouvent du côté opposé à celui où il est placé. Il est facile de se faire une idée de l'effet magique que des verrières de couleur produiraient dans des conditions aussi heureuses.

La forme générale essentiellement pyramidale offre encore d'autres avantages, tant pour l'aspect extérieur que pour le coup d'œil à l'intérieur. Les principaux, sous ce dernier rapport, sont de découvrir aux yeux de l'observateur les parties les plus élevées du centre, dont l'ensemble forme un grand dôme accidenté, et d'éclairer les reliefs, qui décorent l'intérieur, de la manière la plus favorable.

Ces modifications considérables apportées par l'auteur dans le système ogival, les seules qu'il puisse mentionner ici, ont entraîné une foule de conséquences de détail. Le résultat général de ce travail a produit quelque chose de si nouveau, que certaines personnes, persuadées que l'imitation est la seule ressource de l'art, en ont été, pour ainsi dire, effrayées. Celles qui auront pris la peine de suivre, dans les pages précédentes, la manière de procéder de l'auteur, seront à même de juger son œuvre avec plus de sécurité.

IX. — Il a été peu parlé de la décoration qui découle du nouveau système de l'auteur, parce que les combinaisons de ce système en font pressentir le genre. On s'est déjà figuré les motifs de cette décoration à l'intérieur et à l'extérieur. La nervure, qui joue un si grand rôle dans la construction de la nouvelle forme, est aussi le motif générateur de sa décoration. Au moyen de mille combinaisons qui doivent être fournies par le sentiment de l'art, uni à une grande habitude d'effectuer par la pensée les opérations de la géométrie descriptive, la nervure rehaussée d'ornements s'enlace en nœuds qui encadrent des figures, s'épanouit en amortissements ou se renfle en encorbellements. On devine qu'il y a une mine bien riche de trésors d'ornementation à exploiter dans ce sens. Du reste, un coup d'œil jeté sur les diverses compositions que l'auteur a rendues sensibles à l'aide de reliefs ou de dessins, en apprendra plus aux personnes qui se donneront la peine de les consulter, que toutes les descriptions que l'on pourrait faire.

Quant à l'exécution, il va sans dire que l'auteur ne néglige pas les nouvelles ressources de l'industrie actuelle. Il en est sans lesquelles il n'aurait pu réaliser aussi complétement ses vues. Les perfectionnements apportés dans la préparation et dans l'emploi des feuilles métalliques lui sont d'un grand secours; c'est avec leur aide qu'il parvient à approprier à nos climats un genre de couverture dont l'absence de matériaux convenables les aurait privés. Les facilités que présente aujourd'hui la fabrication de la fonte de fer lui fournissent aussi des ressources très-avantageuses pour satisfaire aux conditions d'économie, dont l'organisation actuelle de la société exige qu'on tienne compte.

X. — Pour faire valoir les avantages de la nouvelle forme achitecturale sous le rapport économique, nous n'aurons qu'à rappeler ici deux conséquences que renferme la description qui en a été faite plus haut.

La première : c'est qu'en excluant tout double emploi dans la construction, tel que la superposition des combles aux voûtes, des frontons aux arcs, et en supprimant les arcs-boutants isolés au dehors, ainsi que les murs intermédiaires au dedans, cette forme donne lieu à une construction tellement simple dans toutes ses parties, qu'on peut la considérer comme une sorte de *repoussé*, offrant en concave à l'intérieur tout ce qui est convexe à l'extérieur; de sorte qu'on n'est pas obligé d'avoir recours à toutes ces superfétations et à tous ces déguisements, également dispendieux, que comportent les systèmes de construction admis jusqu'à présent.

La seconde : c'est que la stabilité étant complétement assurée au moyen d'une ossature, composée de points d'appui et d'arcs-nervures qui reçoivent des remplissages en maçonnerie légère pour les voûtes et en murs et vitraux pour les clôtures, toutes les pièces de la construction qui sont essentielles à la stabilité, concourent, en outre, à la double décoration de l'intérieur et de l'extérieur, ce qui entraîne la suppression de toutes ces pièces accessoires ou secondaires, dont les unes n'ont pour unique but que la résistance, comme les entraits, les poinçons, les liens, etc., et les autres qu'un placage d'ornements. On a vu que les seuls assemblages qui aient quelque analogie avec les fermes des anciennes charpentes, sont convertis en fenêtres dans le nouveau système.

Ces causes évidentes d'une grande économie relative, ont encore d'autres effets dans l'application.

S'agit-il d'une construction totalement en pierre? le mouvement des masses, si avantageux pour l'effet des monuments et qu'on n'obtient qu'à force de complications et de dépenses avec les anciens systèmes, se trouve produit naturellement et sans augmentation sensible de frais avec le nouveau.

Admet-on le concours du métal coulé (fonte de fer), qui se prête si bien à l'exécution de ce système? on trouve alors que la forme voûtée c'est-à-dire la vraie forme typique de l'art monumental, moderne, qu'elle soit plus ou moins accidentée, ne revient pas plus cher que celle que l'on peut appeler la forme de *hangar*, qui ne comporte que des lignes droites, et des surfaces planes d'une monotonie désespérante, et qui, de plus, laisse la couverture apparente à l'intérieur, ainsi que les diverses pièces des charpentes.

Ces résultats paraîtront sans doute assez significatifs pour qu'on admette que le progrès réalisé dans l'économie par la suppression d'une quantité notable de matière et la simplification des moyens d'exécution, est en rapport avec ceux qui ont été déjà constatés.

XI. — La composition de l'auteur embrassant l'art monumental dans toute sa plénitude, il va sans dire qu'elle contient tout ce qu'il faut pour en faire des applications par parties détachées à des bâtiments moins complets que les monuments religieux, depuis le palais jusqu'à la maison d'habitation la plus humble. Dans ces bâtiments, où l'industrie prédomine plus ou moins, et où les exigences de la commodité et celles de l'économie l'emportent sur celles de l'art, il ne reste rien ou fort peu de chose du système de la construction monumentale; il ne s'y retrouve guère que quelques motifs de la décoration complète. Cette remarque est applicable à toutes les variétés de l'art monumental. De même qu'on fait une maison dite de style grec, en bordant les portes et les fenêtres de chambranles, et en couronnant les parties supérieures de corniches, chambranles et corniches également empruntés aux édifices de ce style; de même encore qu'on fait une maison dite gothique, en mettant çà et là quelques détails appartenant aux grands monuments de ce genre; de même on peut faire une maison portant l'empreinte de la décoration qui s'adapte à la nouvelle forme architecturale de l'auteur. Mais dans cette sorte de décomposition, on doit s'attendre à ne trouver, pour cette forme comme pour toute autre, qu'un reflet du caractère de la synthèse monumentale qui la produit; car, dès que le système proprement dit entre peu ou point dans la combinaison de ces habitations humaines que la spéculation industrielle exploite, l'ordonnance décorative elle-même ne peut y être appliquée qu'après avoir été morcelée par fragments. Il faut insister sur ce point, car on s'est tellement habitué, depuis la renaissance, à ne tenir compte que des détails, qu'on confond très-facilement les emprunts partiels avec les œuvres typiques et complètes, et qu'on accorde généralement à l'ornementation d'une façade de maison, une importance qu'elle est loin d'avoir. Il est évident cependant, qu'en empruntant aux monuments synthétiques, on peut toujours composer des bâtiments secondaires, tandis qu'en prenant les motifs et l'ordonnance d'une façade de maison, on ne composera jamais un monument proprement dit. En un mot, on fait de l'art en descendant de l'ensemble aux détails; mais en remontant des détails à l'ensemble, on ne peut faire que de l'archéologie pratique. C'est parce que l'auteur était pénétré de ces vérités, qu'il s'est attaché d'abord à réaliser une composition des plus complètes. La facilité avec laquelle il a fait l'application des éléments de sa synthèse à des compositions de tous les degrés, atteste la supériorité de la méthode qu'il a adoptée.

XII. — Depuis deux années, l'auteur livre le résultat de ses travaux à l'appréciation des connaisseurs, et il peut dire aujourd'hui que son œuvre a reçu l'approbation des juges les plus compétents. Des hommes spéciaux, qui font autorité dans l'art, dans la science des constructions et dans l'archéologie, ont réuni leurs lumières et se sont prononcés en faveur de sa nouvelle forme architecturale. Leur opinion est consignée dans des pièces que l'on trouvera plus loin. S'il s'est produit dans cet examen des objections touchant quelques points de détails, il y a eu unanimité pour reconnaître les principaux mérites qui caractérisent cette innovation prise dans son ensemble. Un seul et même vœu résume l'impression qu'elle a laissée dans les esprits. Ceux qui conservent quelques doutes, quant à l'effet que produira la nouvelle forme, comme ceux qui en attendent les meilleurs résultats, sont d'accord pour demander qu'il en soit fait une première application, qui puisse faire cesser les incertitudes et fournir les moyens de prononcer en dernier ressort. C'est au gouvernement, qui n'aurait à la rigueur qu'une simple recommandation à donner pour faciliter une telle expérience, que cette demande s'adresse. Ce serait lui faire injure que de supposer, un seul instant, qu'il puisse ne pas y faire droit. Il ne voudrait certainement pas s'exposer à compromettre l'honneur national en laissant les étrangers s'emparer d'une découverte qui appartient dès à présent au pays.

L. A. BOILEAU.

Paris, mars 1853.

L'auteur reproduit ici le programme suivant des caractères distinctifs de sa composition, qu'il a donné en 1850 et qu'il croit pouvoir maintenir après plus de deux années d'examen et de discussion publique, tout en réclamant l'indulgence du lecteur pour les formes de langage que la ferveur de la conviction lui a fait employer.

La composition de la nouvelle forme architecturale dont il s'agit, satisfait aux conditions et aux tendances du progrès dans les deux objets de la perfectibilité des œuvres monumentales : *l'art* et *la construction*. Elle se recommande par les conséquences suivantes qui en découlent :

1° Création d'une forme monumentale, sans exemple, susceptible d'impressionner fortement l'esprit, douée d'une grande valeur d'expression, et qui résume en elle tous les progrès accomplis dans l'art monumental, en même temps qu'elle conserve le symbolisme artistique de la civilisation moderne.

2° Accroissement des ressources au moyen desquelles l'architecture satisfait aux besoins engendrés par les mœurs et les croyances des sociétés chrétiennes : c'est-à-dire, extension des facilités qui servent à augmenter l'étendue et l'espace libre des édifices couverts, et à faire qu'ils soient *uns* ou d'un seul jet.

3° Obtention du *maximum* d'effet avec le *minimum* de mise en œuvre, à un tel degré, qu'on pourrait réaliser une construction de l'importance et de l'étendue de celle de Saint-Pierre de Rome, avec le tiers de la matière que cette dernière a exigée.

4° Neutralisation, par elles-mêmes, des forces qui agissent au détriment de la stabilité; — perfectionnement qui permet d'opposer toute la résistance voulue à l'effort de la poussée des voûtes, sans aucun autre secours que celui des parties naturelles et essentielles de la construction, et qui évite, par cela même, l'appareil disgracieux et dispendieux de ces *appendices* nommés arcs-boutants, etc., ainsi que la double construction de certaines parties, comme celle qui résulte de la superposition des combles aux voûtes.

5° Disposition de lignes, de plans et de surfaces, également favorable pour les effets perspectifs d'extérieur et d'intérieur, pour l'accès du jour et le jeu de la lumière au dedans et pour l'émission acoustique des sons.

6° Simplification de la construction des grands édifices, ayant le double avantage de faciliter leur exécution en tous lieux, et de diminuer les causes de destruction auxquelles ils sont exposés ; lesquels avantages résultent d'une part, de l'adoption presque exclusive d'une bâtisse en maçonnerie qui utilise aussi bien les grands matériaux que les petits, les blocs monolithes que les moellons ou les briques, sans aucunement recourir à l'aide des gros fers, et d'autre part, de l'exclusion du bois, aliment trop fréquent des incendies.

7° Empreinte d'une originalité assez marquée pour accuser un nouveau terme du développement de l'art monumental moderne et pour le différencier de ceux qui l'ont précédé; la différence qui existe entre la forme proposée et la forme ogivale, la dernière appliquée par cet art, étant plus grande que celle qui existe entre la forme ogivale et la forme romane, son aînée.

8° Comme corollaire de ce qui précède, solution du problème depuis longtemps posé, de la découverte d'un nouveau style de décoration architecturale, en rapport avec le génie de notre époque et comportant des motifs de détails applicables à tous les bâtiments.

9° Application de l'ensemble des règles prescrites jusqu'ici par l'esthétique (unité, variété, etc.), avec addition d'un cachet de vérité qui exclut toute apparence mensongère; de telle sorte que la forme extérieure de l'édifice accuse exactement sa forme intérieure, et que l'une et l'autre ne sont autre chose que l'indication des masses et des détails de la construction, sans aucun déguisement.

10° Réalisation d'une économie notable, qui provient de l'allégement et de la simplification de la construction indiqués plus haut : mais qui ne porte aucun préjudice aux éléments qui constituent la beauté et la richesse des œuvres de l'art monumental[1].

1. Depuis la rédaction de ce programme il a été reconnu qu'on pourrait, si on le voulait, substituer la fonte de fer à la pierre pour une partie de l'*ossature* des édifices. Dans ce cas, l'économie qu'on a trouvée, en supposant la construction en pierre, devient encore beaucoup plus forte. Le projet d'église pour la Chapelle-Saint-Denis qui figure dans les planches de ce recueil est concluant à cet égard. Cette construction, qui couvre une superficie de 1638m75, ne coûterait que 450,000 francs.

MÉMOIRE

DE

M. ALBERT LENOIR, ARCHITECTE DU GOUVERNEMENT

Aux conclusions duquel ont adhéré :

MM. LÉONCE REYNAUD, INGÉNIEUR, PROFESSEUR D'ARCHITECTURE A L'ÉCOLE POLYTECHNIQUE;
L. VITET, P. MÉRIMÉE, MICHEL CHEVALIER, BARON SÉGUIER, DE L'INSTITUT;
FERD. DE LASTEYRIE, H. LABROUSTE, ARCHITECTE; ED. CHARTON
ET MONSEIGNEUR L'ARCHEVÊQUE DE PARIS

Nouvelle forme architecturale.

L'architecture de l'Europe, et particulièrement celle de nos temples a, depuis l'époque dite de la *renaissance,* perdu la physionomie religieuse qu'elle avait longuement acquise tant par les améliorations non interrompues de l'art de bâtir, que par le développement de la pensée chrétienne aidée d'un sentiment profond des grands effets que l'art peut produire. Le retour aux formes païennes est donc venu détruire l'œuvre de création des Chrétiens, pour nous ramener au point d'où ils étaient partis durant la période apostolique. De nos jours, plus qu'à toute autre époque, on a étudié l'art du moyen âge; on y a vu ce qu'il offrait de science dans la partie pratique, et de vraiment convenable aux grandeurs du christianisme, pour ce qui s'applique aux formes et aux effets.

La justice une fois rendue à cet art, on pensa bientôt à l'imiter; et c'est là le point où nous nous trouvons aujourd'hui.

Parmi les lois auxquelles, de tout temps, furent soumis les arts, il n'en est pas, sans doute, de plus impérieuse que l'imitation; mais serait-elle donc la seule qu'il nous soit donné de suivre, quand, autour de nous, toutes les branches des connaissances humaines sont en voie de progrès ou même de création.

C'est après avoir bien pesé ces questions importantes, qu'un artiste, M. Boileau, animé du désir de voir la France prendre l'initiative d'un progrès désirable, a fait de longs efforts pour parvenir à résoudre ce problème posé depuis deux siècles : à savoir, d'arriver à créer une nouvelle forme architecturale.

M. Boileau, qui a acquis la pratique de l'architecture religieuse par l'exécution de divers travaux d'ameublement et de construction, loin d'établir la base de son système sur un caprice d'imagination, avant de commencer la maquette en bois qui fait l'objet de ce mémoire, a développé, dans un ouvrage qu'il doit bientôt livrer à l'impression, toute l'histoire de l'art de bâtir, et, s'appuyant sur ses progrès successifs, s'est proposé de continuer la marche que les Chrétiens avaient parcourue jusqu'au moment où ils furent arrêtés par le retour à l'architecture païenne, au XVIe siècle. Le programme que l'auteur s'est donné est une immense cathédrale, parce que là sont réunies toutes les difficultés de la conception et de la partie matérielle de l'art.

Le plan de son église a la forme d'une croix latine dont les branches sont divisées en cinq nefs par des piliers ou fortes colonnes isolées; à tous les angles saillants des diverses parties de la croix, il a établi des tours en polygones qui accompagnent les portes principales du temple, ouvertes à la base et à la tête de la croix, ainsi qu'aux extrémités des transsepts.

Sur ce plan, d'une conception simple, et dans la composition duquel les piliers forment toutes les distributions diverses, sans le concours d'aucun mur plein, s'élèvent toutes les constructions principales ou secondaires. A l'extérieur, les parties les plus importantes qui se présentent d'abord sont les huit tours placées aux angles saillants du plan; elles se composent de plusieurs étages chacune et sont surmontées d'un toit pyramidal que domine une statue; tous les étages, en retraite les uns sur les autres, produisent un empattement considérable qui donne de la stabilité à la composition; ils sont ouverts par des baies en arcs aigus. L'étage inférieur se compose d'arcs en plein cintre que subdivisent des ogives portées par de grands piliers isolés qui permettent de circuler à couvert autour de la base du clocher. Entre ces tours groupées deux à deux, s'élève un immense portail triomphal disposé en arrière-voussure, comme ceux de l'architecture dite gothique; ce sont les quatre entrées du temple.

A l'extérieur, toutes les parties latérales des nefs et des transsepts sont composées de piliers destinés à remplacer les contre-forts et arcs-butants de l'architecture ogivale; ils sont reliés entre eux par des clôtures à claire-voie, ou réseaux à jour, destinés à éclairer les nefs latérales ou chapelles qu'on pourrait établir dans l'intérieur de l'édifice. A partir des tours jusqu'aux angles rentrants de la croix, les piliers s'allongent pour porter une série ascendante de demi-formerets qui se contre-butent les uns les autres, du plus bas au plus élevé, se reproduisent dans le sens diagonal, sous la forme de demi-croisées d'ogive, faisant ainsi l'office d'arcs-butants protégés par la couverture, et portent un grand nombre de voussures imbriquées, destinées à couvrir les nefs, suivant un système rappelant les couvertures à voûtes nues sur leur extrados, de certains édifices byzantins et russes,—avec une différence énorme sous le rapport de la construction qui procède plutôt du système de voûtes à côtes principales ou nervures dit de l'*ossature*, et formulé au moyen âge par les constructeurs de nos contrées, que de celui des voûtes d'une seule pièce employé dans l'antiquité par les Romains, et continué depuis par les néo-Grecs.

Dans cette série de voussures ascendantes, sont pratiqués des jours directs, surmontés d'arcs aigus, et qui, se développant les uns au-dessus des autres, s'élèvent depuis chaque portail jusqu'à un dôme central qui domine toute la composition. Ce dôme, divisé en trois étages, surmonté comme les clochers d'un toit pyramidal, se compose d'abord de quatre avant-corps placés chacun en regard d'une des quatre nefs, ce qui donne à la base la forme d'une croix grecque; entre les avant-corps, qui contiennent d'immenses fenêtres, sont des pans coupés évidés par des treillis en pierre. Les deux étages supérieurs du dôme sont divisés comme celui du bas, mais sur un plan en octogone et sans saillies aux points cardinaux. Tous les piliers d'angles et contre-forts de cette immense construction supportent, comme dans tout le reste de l'édifice, des statues de saints dont l'ensemble formerait à l'extérieur du monument toute une phalange d'élus s'élevant graduellement jusqu'au Christ, placé au sommet près d'une croix colossale.

L'aspect extérieur de l'édifice est essentiellement religieux, il rappelle en même temps les temples de l'Inde et ceux de l'empire de Byzance. Comme les grandes pagodes de l'Asie, il offre à ses angles d'immenses pyramides subdivisées en nombreux étages; puis, à l'instar des monuments chrétiens de l'Europe orientale, on y trouve le principe des constructions en voussures apparentes et des arcs échelonnés les uns au-dessus des autres pour donner de la lumière directe à l'intérieur; enfin l'arc aigu, l'abandon complet des lignes horizontales, le style des clôtures des fenêtres, les nombreuses statues qui se mêlent à l'architecture rapprochent aussi cette maquette des conceptions de l'architecture dite gothique, dont l'auteur a rêvé la continuation.

L'intérieur, divisé en cinq nefs sur chacune des quatre branches de la croix, ne présente aucun mur qui intercepte la vue, de sorte qu'elle peut s'étendre dans toute l'étendue de l'édifice à travers les innombrables piliers qui seuls portent les voûtes et leurs arêtiers. Ces piliers, dont la hauteur augmente progressivement en s'approchant du centre, sont couronnés de faisceaux de nervures enlacées à diverses hauteurs et qui serviraient de niches à des statues. On voit une disposition analogue à l'intérieur de la cathédrale de Milan.

La progression ascendante qui se développe dans tous les piliers intérieurs, depuis les portes d'entrée jusqu'au point central, a permis à l'auteur du projet de placer dans les axes des grandes nefs, une série de jours directs situés au niveau des voûtes, et qui font, avec leurs parties pleines et ombrées, des oppositions tranchées qui seraient d'un bon effet. Toutes ces fenêtres, séparées par des étroits panneaux de voûtes, produiraient une perspective lumineuse tout à fait nouvelle par sa combinaison.

Enfin le centre de l'édifice se compose de la partie intérieure du dôme, qui, par le dégagement que produit la progression toujours ascendante des piliers et des voûtes, depuis les portes d'entrée jusqu'au milieu du temple, se laisserait apercevoir presque jusqu'à son sommet, du moment où l'on aurait franchi le seuil des portes, résultat qui n'a jamais été obtenu dans aucun de nos édifices modernes couronnés d'une coupole au centre de la croix. Jusqu'ici ces constructions dispendieuses sont sans effet à l'intérieur, et ne forment que des espèces de puits qu'on n'aperçoit qu'en se plaçant immédiatement dessous et en levant péniblement la tête.

L'auteur a senti que cette foule de piliers, qui vers le centre deviennent d'une proportion considérable, auraient besoin d'un lien commun pour en assurer d'abord la stabilité, puis afin de donner à l'œil même, ainsi qu'à l'esprit du spectateur, une garantie par la liaison de toutes les colonnes. A partir donc du voisinage des portes d'entrée, là où les piliers sont plus courts que partout ailleurs, une galerie suspendue vers la hauteur des premières voûtes, permettrait de passer d'un pilier à l'autre et de faire ainsi le tour des grandes nefs à une élévation suffisante pour que l'on pût jouir de là, de l'aspect général du monument et des cérémonies qui s'y passeraient: ce serait l'analogue du *triforium* des édifices du moyen âge, disposé comme la galerie qui se voit à l'intérieur de l'église de Saint-Étienne-du-Mont, à Paris. Cette galerie pourrait se reproduire à diverses hauteurs, dans les régions élevées de la coupole centrale.

Le modèle de M. Boileau n'est qu'une esquisse, c'est-à-dire qu'il ne fait connaître que sa pensée première et qu'il n'a pu y exprimer toutes les parties; mais à cette conception générale, l'auteur a rattaché de nombreux dessins étudiés à une grande échelle, et qui sont les détails d'architecture de son projet. Il y démontre par l'analyse que le tout est homogène et harmonieux dans son ensemble.

La question de stabilité n'est pas une des moins importantes dans un projet de cette nature: nous devons en dire quelques mots. L'intention qu'a l'auteur de poursuivre la route qui fut délaissée au XVIe siècle par l'abandon des constructions ogivales, est bien tracée, et, comme il s'éloigne peu des moyens employés au moyen âge pour élever les églises, il trouve là, déjà, une garantie de réussite. Ses nefs principales sont voûtées comme l'étaient alors celles de nos cathédrales, avec cette différence que de travée en travée, elles s'exhaussent pour ouvrir un jour direct auprès de chaque voussure; là, point d'obstacle. Les nefs latérales sont couvertes par des séries de voûtes formant des portions de coupoles qui sont, pour ainsi dire, autant de pendentifs à nervures. Ce système se reproduisant dans deux nefs secondaires de chaque côté de celle du milieu, et diminuant de hauteur en s'éloignant de l'axe, il est facile de concevoir que ce serait un moyen de buter la poussée des voûtes médianes. Enfin sur les parois externes de l'édifice, il double les piliers pour qu'ils y remplissent les fonctions de contre-forts. Il y a là toute une garantie d'une grande solidité, à laquelle contribueraient aussi d'une manière efficace les grosses tours situées à tous les angles saillants de l'édifice.

En résumé, les avantages matériels de ce projet sont de présenter une grande économie dans la construction, puisqu'il supprime tous murs pleins à l'intérieur et les arcs-butants au dehors, d'offrir une lumière abondante dans toutes les parties où les édifices sont ordinairement obscurs, de permettre, dès l'arrivée du spectateur au seuil des portes, de voir tout l'ensemble jusqu'au sommet du dôme central. La nouveauté des formes, leur unité, sont incontestables; quant à la valeur d'expression de ces mêmes formes, c'est au public qu'il appartient de l'apprécier avec l'aide de l'esquisse en relief.

Le présent Mémoire est le résultat d'un examen fait en présence du modèle, avec le concours de MM. Léonce Reynaud, ingénieur, Vitet, Mérimée, Michel Chevalier, baron Séguier, de l'Institut, Ferdinand de Lasteyrie, H. Labrouste, architecte, Ed. Charton et monseigneur l'archevêque de Paris.

Par l'auteur soussigné,

A. LENOIR,

Architecte du Musée de Cluny, membre du Comité de *l'histoire, de la langue et des arts en France*, près le ministère de l'Instruction publique.

Paris, le 1er mai 1851.

COPIE

DE

DIVERSES APOSTILLES

MISES A UNE COMMUNICATION ADRESSÉE PAR L'AUTEUR AU GOUVERNEMENT, EN 1851.

« L'Archevêque de Paris donne son plein assentiment au projet de M. l'architecte Boileau, et le recommande d'une manière spéciale à Monsieur le ministre. L'auteur de ce nouveau système d'architecture religieuse, mérite, sous tous les rapports, l'approbation et les encouragements de l'administration. Il serait à désirer qu'on pût confier à M. Boileau la construction d'une église qui réaliserait ses idées.

« † M. D. AUGUSTE, archevêque de Paris. »

« Les idées de M. Boileau me semblent dignes de la plus sérieuse attention, et méritent, à coup sûr, les encouragements de l'administration. Quelles que doivent être dans l'avenir les applications de ce système, c'est toujours un heureux effort que de l'avoir imaginé, et il est à désirer que le public puisse être mis à même de juger la valeur et l'utilité de ces combinaisons.

« L. VITET. »

« Je me joins de nouveau à M. Vitet pour recommander à l'attention des hommes de progrès, l'œuvre de M. Boileau, qui me semble porter le germe d'un nouveau développement de l'architecture. Son livre, qui relie son invention à toute la marche passée de cet art, me paraît indispensable à l'explication de son système.

« ALBERT LENOIR. »

« Je me joins avec empressement à mon honorable collègue et à M. Albert Lenoir, pour appeler le bienveillant intérêt de Monsieur le ministre sur les travaux de M. Boileau. Ils contiennent en germe des idées très-ingénieuses, tout à fait nouvelles, et qui paraissent susceptibles d'heureuses applications. De pareils travaux sont particulièrement dignes des encouragements de l'administration.

« FERDINAND DE LASTEYRIE. »

4

« Je me réunis avec beaucoup de plaisir à MM. Vitet, Lenoir et de Lasteyrie, pour appeler l'intérêt de l'administration sur l'invention très-originale de M. Boileau, qui, je n'en doute pas, recevra des développements très-nombreux. Son système mérite une étude sérieuse, et je ne doute pas qu'il ne soit fort utile aux progrès de l'art.

« P. Mérimée. »

« J'ai examiné avec le plus vif intérêt les dispositions originales imaginées par M. Boileau. Elles ont pour point de départ une idée vraie et féconde, et je les crois susceptibles des plus heureuses applications. Elles méritent une attention sérieuse et des encouragements efficaces de la part de l'administration et de tous les hommes qui s'intéressent aux progrès de l'architecture.

« Léonce Reynaud. »

« L'idée de M. Boileau me paraît avoir de l'avenir. Je pense que l'intervention du métal (fer fondu et fer forgé), vu le très-bas prix auquel il est parvenu déjà et celui auquel il arrivera encore, est de nature à résoudre économiquement le problème de constructions suffisamment ornées pour servir dignement au culte.

« Michel Chevalier. »

L'opinion émise par trois architectes de la ville, agissant en vertu d'instructions données par M. le préfet de la Seine, ajoute un nouveau poids aux approbations précédentes.

Mgr l'archevêque de Paris, dont le zèle éclairé ne saurait se borner à des recommandations stériles, ayant appelé l'attention de M. Berger sur l'œuvre dont il s'agit, ce fonctionnaire s'est empressé de charger MM. Hittorf, Jay et V. Baltard d'examiner le travail qui lui était signalé, et de lui faire part du résultat de leur examen.

Après avoir accompli cette mission avec tout le soin qu'on pouvait attendre d'eux, chacun des trois architectes a certifié à l'auteur que leur conclusion prise en commun et transmise à M. le préfet, était *qu'il devait être mis à même de faire une première application de son système.* Dans une audience que M. le préfet a accordée ensuite à l'auteur, il a bien voulu lui confirmer la teneur de cette conclusion, et lui promettre son appui pour le cas échéant.

Monsieur le maire de la Chapelle-Saint-Denis, auquel l'auteur a soumis un projet d'église pour la commune qu'il administre, ayant prié M. Albert Lenoir de s'expliquer personnellement sur l'impression dont il a laissé le public juge à la fin de son mémoire, et de lui donner en même temps son avis sur l'emploi de la fonte, cet architecte a fait la réponse suivante :

« MONSIEUR,

« J'ai reçu la lettre que vous m'avez fait l'honneur de m'adresser au sujet du projet d'église de M. Boileau pour La Chapelle ; je m'empresse d'y répondre. Lorsque j'ai fait un rapport sur le nouveau système de cet architecte, j'ai dû examiner d'abord la question de progrès ; elle est incontestable et reconnue par quiconque a vu le modèle de M. Boileau. La solidité de la construction venait ensuite, les hommes de science sont d'accord à cet égard ; je citerai les ingénieurs, les architectes, etc. Nous voyons dans tous nos embarcadères de chemins de fer, l'alliance de la pierre et de la fonte, je n'ai jamais vu qu'on ait regretté cette alliance, et le monde entier en montre aujourd'hui des exemples ; l'Angleterre, l'Amérique en possèdent d'anciens ; et ces édifices ont besoin, comme tous autres, d'offrir des garanties de durée. Vous avez pu, Monsieur, juger par les plans de M. Boileau, des avantages que présente son système pour la distribution intérieure, puisque la place y est épargnée.

« J'aborde la question des formes : Je n'ai pas cru que, dans un mémoire, il me fût permis de dire que ces formes devaient plaire à tout le monde, ce qui ne m'empêche point de les trouver bonnes et heureuses, parce qu'elles découlent de la construction même. En outre, elles ont des analogues dans la plupart des églises byzantines de l'Orient, et depuis le XIe siècle jusqu'au XVIe. Venise, en rapport avec cette contrée, ne cessa, pour ainsi dire, de les adopter comme gracieuses et rationnelles. Les plus beaux monuments de cette ville sont surmontés de courbes indiquant des voûtes intérieures.

« M. Boileau a ingénieusement décoré les fontes de ses projets, mais il est certain qu'il peut y faire toutes les modifications que quiconque, employant son système, lui demandera de faire ; ceci ne me paraît plus qu'une question de détails.

« Agréez, etc.

« ALB. LENOIR,
« Architecte du musée de Cluny.

« Paris, le 28 janvier 1853. »

Plusieurs journaux ont donné des comptes-rendus de la nouvelle forme architecturale. L'article suivant, qui est dû à la plume d'un feuilletonniste aussi spirituel qu'érudit, M. Théophile Gautier, peut être considéré comme un résumé concis de ces divers comptes-rendus. C'est à ce titre qu'on le reproduit ici :

« Sur le mur de notre chambre est accrochée une épreuve daguerrienne sur papier d'une perfection rare, et représentant un monument étrange : cathédrale, basilique, pagode, église moscovite, — un peu de tout cela, — sans être précisément rien de cela. Tout le monde regarde curieusement cette épreuve et se demande où elle a pu être faite. Les quatre ou cinq amis qui m'honorent quelquefois d'une ascension sont des cosmopolites qui, à eux tous, ont visité notre planète jusqu'en ses moindres recoins. Ils disent : Ce n'est ni Saint-Marc, ni Sainte-Sophie, ni la mosquée de Cordoue, ni celle du sultan Bayezid, ni Westminster, ni la cathédrale de Strasbourg, ni le dôme de Cologne, ni la pagode de Jaggernat, ni l'église grecque du Kremlin. Où diable ce monument indo-gothique élève-t-il incognito ses flèches et ses coupoles? Les plus exercés en archéologie ninivite ou péruvienne jettent leur langue devant cette énigme.

« En effet, ce monument n'appartient à aucune civilisation, à aucun peuple, à aucune époque d'architecture. Il participe de toutes les traditions pour se les assimiler et en dégager un certain absolu rare et curieux. Quel dieu surtout, ou plutôt quelle idole habite le tabernacle; quelles processions de bonzes traînant derrière eux les lourds éléphants blancs circulent dans les galeries mystérieuses? L'étonnement augmente à voir le clocher enrubanné de drapeaux tricolores. Évidemment ce n'est point la demeure d'une divinité singulière, car le drapeau tricolore n'ombrage pas des symbolismes confus.

« Ce monument n'est rien autre que le spécimen d'une architecture nouvelle, inventée par M. Boileau. Le plan n'admet pas de lignes droites, horizontales; en élévation, il n'emploie que les lignes courbes. La construction est un système de voussures imbriquées et à nervures butantes, et la forme générale pourrait s'appeler peut-être voussurale.

« La singularité de cet étrange édifice consiste en ce qu'à l'intérieur on ne voit pas la moindre partie de mur, la cathédrale n'étant formée que de piliers sur lesquels viennent s'abattre les coupoles. L'aspect est élancé et jaillissant, assez semblable à une forêt à troncs pressés qu'éclairerait une immense vitrine.

« Le dôme, entouré de portions de couverture grise des voussures, paraît, si l'on veut, porté sur des nuages. Sur les grands piliers courent des faisceaux de nervures enlacées ou nouées à différentes hauteurs, en forme d'amande, servant de niches à des statues dont l'emploi décoratif est si heureusement suivi dans l'ornementation des basiliques chrétiennes comme à Milan, où le dôme, portant une auréole de saints à chaque flèche, semble le musée du bon Dieu.

« Les parties élancées résument le dôme et la flèche. Ce qui nous a paru le plus approcher de cette singulière construction, ce sont les salles de l'Alhambra, à Grenade, avec leurs medianaranjas et leurs coupoles, semblables à des pétrifications, à des stalactites ou à des gâteaux d'abeilles renversés.

« Il nous est difficile de porter un jugement définitif sur cette architecture, car, entre le projet sur le papier et l'exécution, il y a un abîme. Malheureusement, il est besoin de millions pour que les rêves de granit s'épanouissent au soleil, et les Piranèses s'arrêtent devant les maçons.

« M. Boileau doit incessamment publier un grand ouvrage où il expliquera son système, et démontrera, à l'aide de raisonnements appuyés de dessins, ce qu'il ne lui est pas permis de réaliser en pierres de taille.

« Théophile Gautier. »

(Extrait de *la Presse* du 23 décembre 1850.)

RÉPONSE

AUX

OBJECTIONS QUI ONT ÉTÉ FAITES A L'AUTEUR

AU SUJET DE SA NOUVELLE FORME ARCHITECTURALE[1]

A M. FLEURY, MAIRE DE LA CHAPELLE-SAINT-DENIS

Monsieur le Maire,

Toutes les fois qu'on propose une chose qui sort un peu des habitudes anciennes, cette chose fût-elle de beaucoup meilleure que ce qu'elle doit remplacer, on doit s'attendre qu'elle donnera lieu à une foule d'objections.

Cela vient de ce que l'appréciation de toute chose nouvelle exige un certain travail de l'esprit, un certain abandon des habitudes prises, une abnégation presque complète des idées reçues, en un mot, des efforts qui répugnent à notre nature.

La nouvelle forme architecturale que j'ai eu l'honneur de vous proposer d'appliquer à la construction d'une église pour la commune de la Chapelle-Saint-Denis, n'a pas échappé à cette loi commune; mais, comme les objections dont elle a été l'objet ne sont pas moins discutables que toutes celles que l'on fait en pareil cas, j'ai jugé qu'il était à propos de vous en adresser la réfutation.

En le faisant, je répondrai, non-seulement aux objections de l'architecte que vous avez spécialement consulté, mais encore à toutes celles qui se sont produites, de quelque part qu'elles viennent.

L'architecture ou l'art monumental, pour employer une expression meilleure qui est définitivement passée dans notre langue, l'art monumental, dis-je, résulte de la combinaison de deux éléments fondamentaux, à savoir : la *construction* et la *décoration*. Le premier a pour base l'application des sciences exactes. Le second, moins positif, est plus particulièrement du domaine des beaux-arts, ou de l'*art* proprement dit.

1. Cette pièce a été rédigée à la demande de M. Fleury, maire de la Chapelle-Saint-Denis, pour être communiquée au conseil municipal de cette commune. Peut-être trouvera-t-on dans quelques passages de cet écrit des répétitions de ce qui se trouve ailleurs; mais nous croyons qu'on ne saurait trop retourner, sous toutes ses faces, une question aussi importante.

Pour simplifier la discussion, il est indispensable de traiter ces deux points séparément.

Le premier sera plutôt l'objet d'une explication que d'une discussion en règle, attendu que c'est celui qui fournit le moins d'objections.

Ce qu'on demande à une construction pour la reconnaître bonne, c'est d'être solide, conforme aux lois de la stabilité, et rationnelle, c'est-à-dire obtenue par la combinaison des forces les plus naturelles, sans le concours de ces artifices qui rappellent les tours de force. L'économie relative dans la dépense qu'on recherche aussi, est une conséquence de celle obtenue dans la quantité de matière employée, et par suite dans la somme de main-d'œuvre qui y est afférente.

Or, on s'accorde généralement à dire que mon nouveau système réunit ces bonnes conditions; conséquemment on reconnaît qu'il est logique au point de vue du progrès, dans l'élément de l'art monumental qui concerne la construction. Quant à l'économie que procure ce système, elle est certifiée par les résultats de plusieurs devis comparatifs très-rigoureux.

Lorsqu'on compare entre eux, ceux des monuments construits depuis l'antiquité la plus reculée jusqu'à nos jours, qui doivent être considérés comme les types de l'art monumental, c'est-à-dire les monuments religieux (les abris humains rentrant plutôt dans la spécialité de l'industrie que dans celle de l'art), quand on compare ces types, dis-je, on reconnaît que le progrès en construction est marqué par une décroissance constante dans la *massiveté*, ou par une diminution croissante de la matière qui forme la partie solide ou les pleins de la construction.

Les monuments religieux primitifs, ne sont autre chose que des massifs de pierres amoncelées, ou même des monceaux de terre. Ce sont des masses pyramidales avec ou sans gradins, ou des *tumulus*. C'est à peine si l'on a ménagé, dans ces masses gigantesques, un petit couloir aboutissant à une chambre sépulcrale ou à un sanctuaire exigu. Les cérémonies du culte s'accomplissant alors autour des monuments religieux, on conçoit que l'art de la construction, dans son enfance, dépourvu de machines et de ressources dynamiques ignorées, ait commencé par ce genre de bâtisse, qui n'exigeait que des plans inclinés qu'on formait ordinairement en terre, en les exhaussant au fur et à mesure, pour y rouler les pierres les unes sur les autres, et qu'on enlevait ensuite. C'est la construction qu'on peut faire à force d'hommes et qui n'exigeait pour ainsi dire d'autre instrument que les bras des esclaves.

Plus tard, on fit des monuments plus évidés, au moyen d'enceintes qui étaient formées, soit de murs pleins, soit d'ouvertures encadrées de montants et de traverses, de colonnes et de plates-bandes. Là, les moyens d'exécution étaient déjà plus compliqués. Bien que l'histoire nous apprenne qu'on employait encore souvent les plans inclinés en terre pour monter les matériaux, tout porte à croire que l'on employa, dès lors, quelques machines élémentaires dont l'invention était nouvelle. Du reste, les plates-bandes et les rares couvertures de l'Égypte et de la Grèce étant des monolithes tout d'une pièce d'une colonne à l'autre, et les supports, murs ou colonnes, étant montés en talus, il n'y avait encore aucune poussée à calculer ni à retenir. C'étaient des constructions plus évidées que les précédentes, mais comme elles, obtenues à l'aide de pierres simplement superposées. En un mot, il n'y avait encore là que de la stabilité, d'autant plus simple que les édifices étaient, en grande partie, à ciel ouvert.

Dans d'autres contrées, dans l'Hindoustan, par exemple, on obtint les mêmes résultats en évidant des masses rocheuses. C'était alors un simple travail du ciseau, exécuté à force de temps et de patience, mais qui éludait les difficultés de la construction. Dans ce cas la couverture pouvait facilement être ménagée dans la masse.

Les Romains, qui avaient peu de matériaux propres à faire des plates-bandes d'un seul morceau, appliquèrent à la construction, l'arc qui engendra plus tard la voûte. Ici les moyens d'exécution se compliquent. Pour exécuter ces courbes composées de petites pierres cunéiformes, il faut des machines perfectionnées et des soutiens mobiles.

Par l'adoption de l'arc et surtout par celle de la voûte, l'architecture romaine continua le progrès dans la construction, en dégageant davantage l'intérieur des édifices, en les fermant par le haut et en allégissant la matière autant que l'addition d'une couverture le permettait. Néanmoins, les voûtes romaines furent encore extrêmement lourdes et massives, ce qui força de les appuyer sur des soutiens bas et trapus, et empêcha de les élever au-dessus d'une hauteur fort restreinte. Elles ne purent être adaptées aux édifices qui comportaient une grande élévation à l'intérieur. Aussi les nefs centrales des basiliques, — les édifices couverts les plus spacieux et les plus élevés que les Romains aient construits, — sont-elles dénuées de cette partie essentiellement monumentale des constructions.

Les néo-Grecs, qui perfectionnèrent un peu la voûte romaine, ne produisirent eux-mêmes que des monuments restreints et massifs. Les constructions à coupole du style byzantin se distinguent cependant par un ensemble de voûtes qui les ferment, à leur partie supérieure, d'une manière plus complète et plus accidentée qu'on ne l'avait fait jusque là. Quelques-unes d'entre elles accusent même une certaine tendance à la suppression des combles qui doit être notée.

Il était réservé au christianisme d'accomplir un progrès considérable dans l'art monumental, comme dans tout l'ensemble des travaux humains. Les artistes du moyen âge firent faire un pas de géant à la science des constructions en augmentant l'espace intérieur des édifices, tout en réduisant la quantité de la matière employée à leur partie solide. Par l'invention de l'*ossature* qui renforça les voûtes de nervures à leurs retombées et à leurs intersections, ils parvinrent à les alléger et à les appuyer de manière à ce qu'elles pussent être projetées à des hauteurs vertigineuses. Tout le monde connaît les monuments qui sont dus à cette nouvelle et heureuse combinaison. Notre époque, revenue à des sentiments de noble justice, après avoir secoué des préjugés déplorables, les apprécie à leur valeur et les admire. Nous n'aurons donc, à l'appui de notre thèse, qu'à faire remarquer combien les monuments des XIIIe, XIVe et XVe siècles rendent sensible le progrès en construction que nous cherchons à faire ressortir, quand on les compare avec ceux de l'antiquité.

Qui ne reconnaîtrait, en effet, qu'il y a un abîme entre les systèmes précédents et celui du moyen âge, où de petits matériaux ne sont maintenus dans l'espace que par une savante et rigoureuse application des lois de l'équilibre? Qui voudrait mettre sur la même ligne, les masses pyramidales, les enceintes découvertes, les coupoles écrasées soutenues à grand'peine par des carrières de pierres, et nos cathédrales si légères, si vastes et si majestueusement voûtées? Ce résultat est tellement grand, qu'il n'a pas été dépassé depuis; le progrès en construction en est resté là.

Si les moines, les évêques et les *maîtres des œuvres* du moyen âge ont fait faire un pas immense à la science des constructions, cela ne veut pas dire qu'ils en aient fermé la marche. Ne pourrait-on pas faire comme eux des édifices dégagés, élancés, légers et solides, sans subir les inconvénients qu'ils ont acceptés au début de leur œuvre, et qu'ils auraient certainement fait disparaître s'ils en avaient eu le loisir?

C'est principalement des arcs-boutants que je veux parler. Malgré toute mon admiration pour le système ogival, admiration que j'ai eu l'occasion de manifester autrement que par des paroles, je suis obligé de convenir que le reproche qu'on a fait à ces appendices de ressembler à des étais, n'est que trop fondé. La maigreur et le peu de durée de ces parties exposées aux injures du temps est en outre une sorte de vice de construction, qu'il ne m'est pas non plus permis de céler.

Une fois convaincu que le système ogival est ce qu'il y a de plus avancé jusqu'à présent en construction, je devais logiquement le prendre pour point de départ du progrès que je cherchais à atteindre. Aussi, tous mes efforts n'ont-ils eu pour but que de perfectionner ce système, en développant les qualités caractéristiques dont il est doué et en atténuant les défauts qu'on lui reproche. C'est ainsi que j'ai pu, d'une part, augmenter la légèreté et ce qu'on peut appeler la sincérité de l'architecture, par la suppression des combles, et, d'autre part, assurer la durée de la construction par la suppression des arcs-boutants isolés. Quant à l'avantage qui résulte de cette dernière amélioration pour le coup d'œil, il est si peu contesté, qu'il me suffira de le consigner ici pour n'avoir pas y revenir, quand je m'occuperai de la décoration qu'il touche plus particulièrement.

Sous le rapport de la construction, prise en général, mon système a reçu l'approbation pleine et entière des hommes spéciaux. Il est constant que, lorsqu'on propose de l'exécuter en pierre, on n'y trouve rien à redire; mais la proposition que j'ai faite, d'après les conseils de plusieurs ingénieurs de mérite, d'utiliser, dans une partie de la construction, les ressources nouvelles que l'industrie de la fonte de fer peut fournir, a soulevé des objections auxquelles je dois répondre.

Ces objections ne peuvent s'attaquer à la solidité, car, dès qu'il est admis que la construction serait stable avec des arcs composés de voussoirs qui tendent à glisser et à pousser, à plus forte raison le sera-t-elle, avec des arcs en fonte, qui, étant par le fait d'un seul morceau et de plus boulonnés à chacune de leurs extrémités sur les chapiteaux des piliers, rempliraient plutôt l'office de traverses d'écartement que tout autre.

La force de résistance des colonnes à la pression et celle des arcs à la flexion est également hors de doute. Les calculs les plus rigoureux ont démontré que cette force de résistance serait en excès d'une quantité considérable, malgré le peu de grosseur des pièces.

Reste l'objection de l'assemblage hétérogène de la fonte de fer et de la pierre.

Cette objection, faite par des personnes qui n'ont pas été à même de se rendre compte des dispositions que j'ai prises à cet égard, serait en effet embarrassante, si, après me l'être faite d'abord à moi-même, je n'avais trouvé, avec le concours de praticiens tels que MM. Calla et Émile Martin, les moyens de lever toutes les difficultés que présente en effet cette combinaison des deux matières : combinaison sinon complétement nouvelle, au moins peu usitée jusqu'à présent.

La principale de ces difficultés est l'effet de dilatation et de contraction de la fonte. Bien que cet effet soit peu sensible, puisqu'il ne donne guère qu'un millième du plus grand retrait à la plus forte extension sur une longueur donnée, il est certain que, si la fonte était exposée à toutes les influences de l'atmosphère qui peuvent l'élever à son *maximum*, il pourrait avoir des résultats fâcheux. C'est ce qui aurait lieu si les pièces de fonte qui forment les côtes principales ou le squelette de la construction étaient exposées à l'extérieur à toutes les variations de la température. Aussi, pour éviter cet inconvénient, ai-je pris le parti de ne laisser aucune des pièces dont il s'agit découverte à l'extérieur. Il résulte de cette disposition que la partie de la construction en fonte, garantie de l'action la plus violente qu'elle puisse éprouver, celle du soleil, n'est plus exposée qu'aux différences de température qui peuvent se manifester à l'intérieur, et qu sont assez peu sensibles pour que l'effet de la dilatation linéaire du métal ne puisse atteindre à la moitié de son maximum. La fraction qui reste pour exprimer cet effet est si faible, qu'on pourrait à la rigueur n'en pas tenir compte.

Cependant, je n'ai pas voulu éluder ainsi cette partie de la difficulté, quelque minime qu'elle fût. C'est pourquoi, tout en recouvrant les pièces du squelette avec de la maçonnerie, j'ai soin de ne pas rendre la pierre de taille adhérente à la fonte. Toute la construction est combinée de manière à ce que la fonte n'ait point d'action sur la maçonnerie en pierre. Ces deux matières restent toujours indépendantes l'une de l'autre.

Si l'on me demandait si l'expérience répondra à mes théories, j'engagerais les personnes qui voudraient se former une opinion à cet égard, à visiter la bibliothèque Sainte-Geneviève, construite depuis peu, et dans laquelle M. H. Labrouste, l'un de nos architectes les plus distingués, a réalisé un magnifique *specimen* de ce genre de construction. Elles verront là quelle heureuse application l'on peut faire de la fonte combinée avec la pierre, tant sous le rapport de la stabilité que sous celui du goût, et elles resteront convaincues, je n'en doute pas, qu'il ne résulte aucun inconvénient de cet assemblage.

Ce qui me reste à dire relativement à l'emploi de la fonte de fer touche le second point sur lequel j'ai à répondre, la décoration. Je continuerai donc en abordant les objections relatives à ce sujet.

On dit : « Vos parties en fonte qui ne peuvent être aussi grosses qu'elles le seraient « en pierre, deviendront maigres et paraîtront grêles à l'œil. »

Ce qui fait tenir ce langage, c'est qu'on suppose généralement qu'on copiera avec la fonte les formes consacrées pour la pierre. S'il devait en être ainsi, je serais le premier à repousser un contre-sens aussi déplorable. Mais je déclare bien vite qu'étant ennemi de tout mensonge en architecture, je suis fort éloigné d'en accepter un qui serait des moins excusables. Je suis de l'avis des hommes de goût qui veulent qu'on accuse franchement chaque matière pour ce qu'elle est et qu'on la traite selon ses propriétés. Les formes du métal doivent être différentes de celles de la pierre, ainsi que les grosseurs des pièces analogues exécutées avec chacune de ces matières. On ne doit pas songer un seul instant à simuler de la pierre avec de la fonte, en donnant à cette dernière matière la masse ou la couleur de la première. Un pilier, un arc en fonte, qui seraient horriblement maigres si l'on voulait les faire croire en pierre, seront suffisamment gros lorsqu'ils se montreront franchement en métal. Qu'on suppose pour un moment les colonnes et les arcs de la bibliothèque Sainte-Geneviève peints en pierre ou revêtus de stuc, et l'on aura une idée de ce que deviendrait l'effet de cette grande et magnifique salle, si l'on anéantissait ainsi la décoration en métal, qui donne à son architecture un si grand cachet d'élégance, de distinction et d'originalité.

Maintenant, je demanderai à tous les fidèles qui fréquentent les églises et qui sont trop souvent réduits à se réfugier derrière un de ces massifs de pierre qui forment les piliers de nos églises, si un pilier, fort en réalité et à l'œil, par sa matière, mais exigu, ne serait pas d'un avantage immense dans ces édifices.

Mais, dit-on, la fonte de fer aura-t-elle le *cossu* qui convient aux églises? C'est encore là une objection irréfléchie engendrée par l'habitude, pour ne pas dire par la routine, qui craint d'aborder une nouvelle ressource fournie par les progrès de l'industrie. Je lui accorderais quelque valeur, si nos édifices étaient construits en granit ou en marbre, comme les temples et les palais de l'Égypte ou de la Grèce; mais malheureusement il n'en est rien. Nous en sommes réduits à la pierre, et le plus souvent à la pierre tendre qui s'exfolie et s'altère bien facilement.

Or, je le demande, en quoi la pierre, matière géologique des plus communes, est-elle supérieure à la fonte de fer, matière aussi d'origine géologique, mais rehaussée de valeur par un ensemble d'opérations industrielles d'un certain mérite? Est-ce que la pierre, même de moyenne dureté, est plus durable que la fonte de fer placée dans de bonnes conditions de conservation? Non, sans doute. En Angleterre, où l'on emploie la fonte à l'extérieur depuis bien longtemps, et où la rigueur du climat a pu rendre l'expérience décisive, on est fixé à cet égard. Enfin, puisqu'on est fort disposé à s'en rapporter aux anciens en fait de convenances artistiques, je ferai observer en passant qu'on a retrouvé plus d'un vestige de l'emploi qu'ils ont fait du métal dans la construction de leurs édifices.

La question de la richesse de la décoration fournit encore un argument sans réplique en faveur de la fonte. En comparant les résultats qu'on obtient avec elle à ceux que procure la pierre, je trouve que tout l'avantage est à la première de ces deux matières, qui, sans augmentation de dépense bien sensible, permet de donner aux ornements, moulures et sculptures, une richesse qu'on n'obtient qu'à grands frais avec la seconde. Pour un nombre considérable de chapiteaux en fonte, il n'y a qu'un modèle à faire; pour le même nombre de chapiteaux en pierre, il faut également exécuter ce modèle, et de plus il faut sculpter, un à un, chaque chapiteau, ce qui ne se fait qu'à force de travail et de dépenses; — et il ne faudrait pas trop insister sur l'uniformité qui résulte du moulage d'un modèle unique, opposée à la variété qu'on pourrait demander à la sculpture; car, en laissant de côté la comparaison de la dépense de chacun de ces moyens d'exécution, je demanderais qu'on me montrât la variété qu'il y a dans les chapiteaux de la *Madeleine* ou dans ceux de la *Bourse*.

J'ai épuisé les objections relatives à l'emploi de la fonte, je passe à celles qui concernent l'aspect général, l'effet visuel, l'impression que la forme architecturale peut produire sur l'esprit.

Quand on veut aborder les questions que soulèvent ces objections, on ne tarde pas à s'apercevoir que le fond en échappe à la dialectique. C'est qu'en effet leur solution ne dépend pas d'un travail de raisonnement, mais bien d'une décision du sentiment. L'impression que cause une œuvre d'art se sent avant de se discuter. Le meilleur et le seul juge dans ce cas, c'est le public; c'est cette collection d'individus auxquels, je ne dirai pas l'instruction seule, mais l'éducation intellectuelle et morale confère le droit de juger les drames lyriques, les œuvres théâtrales, la poésie, l'harmonie des formes, en un mot tout ce qui est du domaine de l'art; et je déclare ici que je m'en réfère à son jugement sans aucune réserve.

Mais, comme le juge dont il s'agit ne pourra se prononcer que quand l'œuvre sera réalisée, qu'au moment où il pourra en recevoir l'impression, et que, conséquemment, la première condition, c'est d'arriver à réaliser une œuvre pour la lui soumettre, je suis obligé de lutter contre les obstacles qui s'opposent à cette réalisation. Je vais donc essayer de découvrir d'où ils viennent.

Puisque le sentiment ne peut s'exercer en l'absence d'un modèle, puisqu'on ne peut se faire une idée de l'impression qui résultera de la forme que par analogie, qu'en cherchant à en prévoir l'effet, il est tout naturel qu'on se livre aux raisonnements pour atteindre le but. Malheureusement, bien souvent le raisonnement fait taire le sentiment (je parle toujours au point de vue de l'art), et qui pis est, le raisonnement est toujours plus ou moins faussé par des préjugés ou des idées reçues. Ce sont ces écarts du raisonnement que je vais essayer de combattre. Dois-je dire que, quant à moi, je prévois parfaitement l'effet que produira ma nouvelle forme architecturale, que je le sens, que je le juge dans son ensemble et dans ses détails, comme s'il existait devant mes yeux un monument qui en fût l'application? Ce n'est pas se vanter que de se reconnaître une faculté, aussi commune chez les inventeurs et les artistes, surtout quand après avoir été mise à l'épreuve elle ne vous a pas trompé.

« *Cela ne ressemble pas à tout ce qu'on connaît.* » C'est ainsi que se résument toutes les objections qui se sont produites contre la nouveauté de la forme que je propose. Est-ce qu'on voudrait soutenir que les règles de l'art obligent à copier et recopier toujours ce qui a été fait? L'histoire de l'art ne le permettrait pas. Est-ce que les temples égyptiens et hindous sont des copies des pyramides des sociétés primitives? Est-ce que les édifices grecs sont des copies de ceux des Égyptiens et des Hindous? Est-ce que les monuments romains sont des copies des monuments grecs? Enfin, est-ce que nos cathédrales ogivales sont des copies de l'architecture antique? On est obligé de dire « non » à chacune de ces questions, et cependant qui ne conviendra qu'il n'est aucune de ces formes qui n'ait son genre de beauté particulier et qui ne possède une puissance d'expression qui lui est propre et qui caractérise le génie des sociétés qui les ont créées, en même temps qu'elle accuse les progrès qu'elles ont accomplis?

On peut donc faire autre chose que ce qui a été fait; il y a plus, on y est obligé, la loi divine du progrès le veut.

Il est évident que la décoration n'est que le vêtement de la construction. Il en résulte que chacune des modifications apportées dans la construction par les perfectionnements progressifs que nous avons signalés, a dû avoir un vêtement nouveau, une décoration nouvelle. De là autant de styles différents de décoration qu'il y a de systèmes divers de construction. C'est une corrélation logique qui engendre la variété, sans altérer les principes fondamentaux de l'art, qui est *un* dans son essence.

Sans remarquer l'inconséquence dans laquelle on tombe, on croit encore avoir fait une critique amère d'une forme nouvelle, quand on l'a comparée à quelque objet analogue de la nature ou du travail humain; en cela on se trompe fort. L'homme, qui n'est qu'un être relatif, et non un créateur comme on l'entend de Dieu, ne peut inventer quoi que ce soit qui n'ait son terme de comparaison dans les œuvres de la création universelle dont il n'est lui-même qu'un rouage. En outre, son langage, borné comme ses idées, ne peut rien décrire sans avoir recours aux images, et ces images, il les prend dans tout ce qui l'entoure.

Pénétré de cette vérité, je n'ai éprouvé que de la satisfaction quand on a trouvé, pour désigner un des principaux aspects de ma nouvelle forme architecturale, une expression comparative très-heureuse à laquelle je n'avais pas songé moi-même lorsque j'ai adopté la qualification de système à *voussures imbriquées* [1]; je veux parler du reproche qu'on a cru faire à la disposition générale de ma couverture de ressembler à une carapace de tortue. Eh bien soit! c'est une carapace, — et je trouve dans cette ressemblance un éloge, car, qu'est-ce qui a jamais mieux servi à exprimer un abri solide, une couverture protectrice qu'une carapace! Seulement, comme les œuvres de l'homme ne sauraient être des copies absolues des objets de la nature, et que Dieu a permis qu'il y eût toujours dans ces œuvres quelque chose qui fût comme le sceau de sa spiritualité, de sa supériorité sur la matière, j'ajouterai que, si ma couverture est bien une carapace sous le

1. Dans le brevet d'invention que j'ai pris, le titre adopté est celui de « Système à voussures imbriquées et à nervures butantes » Indépendamment de ce brevet, j'ai effectué le dépôt légal de ma nouvelle forme au Tribunal de commerce et à la Chambre des prud'hommes, en 1850.

rapport de la construction ou de la solidité, c'est une carapace appropriée par l'art aux exigences de l'effet monumental, c'est-à-dire transformée par une disposition toute particulière, et complétée par une ornementation qui lui ôte la monotonie de son modèle. On connaît la décoration dont je veux parler.

Pour en finir avec les comparaisons, et montrer quelle est leur valeur au point de vue critique, il suffira de citer au hasard quelques-unes de celles qui ont été faites dans divers temps.

Certains monuments de l'Hindoustan creusés dans le roc, et composés d'une multitude de compartiments, ont été comparés par des auteurs distingués, à des gâteaux de miel avec leurs alvéoles ; et cependant les voyageurs avouent que rien ne saurait donner une idée de l'impression que produisent ces monuments. — L'étymologie d'un mot grec (θόλος) qui désigne les voûtes hémisphériques ou coupoles — est tirée d'un bonnet rond. Enfin, à propos de nos cathédrales gothiques, n'a-t-on pas parlé de charpente en pierre étayée de toutes parts, de dentelles de pierre, etc.?

Maintenant, je prie mes critiques de supposer un instant qu'on leur montre pour la première fois une de ces constructions dites gothiques, et de réfléchir à l'exclamation que leur arracheraient tout d'abord, ces modèles qu'ils admirent aujourd'hui avec tant de justice. Certes, on peut, sans être taxé de faire de l'imagination, avancer que l'impression que produirait sur eux l'aspect de ces nombreux arcs-boutants, se traduirait dans leur bouche par ces mots : *forêt d'étais*; et cependant, on s'est si bien habitué à voir sans répugnance ces étais, dont l'effet disgracieux est effacé par l'importance de la fonction qu'ils remplissent, qu'on ne croit pouvoir mieux faire, aujourd'hui, que de revenir pour nos églises, à l'architecture qui les comporte. Or, puisque l'habitude de voir une disposition choquante au premier abord, l'a fait accepter à ce point, ne peut-on pas en inférer que l'œil et l'esprit ont besoin de laisser se produire l'impression d'une forme heureuse, mais nouvelle, pendant un certain temps, avant de l'apprécier, et que la durée de cette éducation à refaire de nos sens et de nos facultés sympathiques est d'autant plus longue que les habitudes ou les préjugés anciens sont plus invétérés?

En voilà assez, je pense, pour prouver qu'en disant : « Cela ne ressemble pas à tout ce qu'on connaît », on ne conclut à rien. Les esprits superficiels, qui n'aiment pas à se donner la peine d'approfondir les choses, peuvent seuls s'arrêter à cette objection.

Encore si, par ce moyen, on pouvait éluder pour toujours toute question sérieuse et éviter tout travail gênant. Mais non, on ne peut qu'ajourner la peine. Il faudrait des volumes entiers pour enregister seulement les innovations qui, d'abord repoussées, ont été ensuite adoptées avec enthousiasme. Pour n'en citer qu'un exemple, je prendrai un fait qui ne concerne pas même une innovation, mais seulement une réhabilitation.

Il y a bien peu de temps encore, des hommes qui avaient reçu les préjugés d'un autre temps avec les leçons de l'école, proscrivaient l'architecture ogivale, dite gothique, qu'ils traitaient de barbare. Quelques-uns d'entre eux même ont fulminé un manifeste officiel contre la rénovation qu'on tentait alors de préparer ; et voilà que cette rénovation est consommée et que les signataires du manifeste en question, débordés par l'opinion publique, se trouvent obligés de rendre hommage aux beautés de l'architecture ogivale qu'ils n'appréciaient pas parce qu'ils en avaient détourné les yeux jusque-là.

J'adjure donc les esprits sérieux de ne point se laisser influencer par des considérations indignes d'eux. Qu'ils cherchent à comparer et à se rendre compte des avantages de ma nouvelle forme architecturale. Ils s'assureront que la construction en est rationnelle, entièrement conforme aux lois de la stabilité, et, ce qui ne s'est pas encore vu, simple dans toutes ses parties : ils ne verront point des combles superposés aux voûtes, des frontons superposés à des arcs : partout ils trouveront les deux surfaces des mêmes parois apparentes à l'intérieur et à l'extérieur, c'est-à-dire la disposition la plus favorable pour l'économie, alliée à la richesse des formes.

Qu'ils se rappellent aussi que la décoration n'est que le vêtement naturel de la construction, et peut-être alors, s'ils parviennent à faire taire tous les sophismes de la dialectique pour laisser parler les facultés sentimentales, s'ils oublient un moment les règles mécaniques des *cinq ordres*, pour s'en rapporter à leur propre jugement, peut-être éprouveront-ils par avance une impression dont ils ne pourront méconnaître la nature.

Alors, je l'espère, ils seront convaincus que l'œuvre dont je parle est le résultat de cette influence irrésistible qu'on nomme la vocation, et que loin de rompre avec la tradition, elle ne fait que la continuer dans le sens du progrès.

Paris, le 15 janvier 1853.

L. A. Boileau.

Il y a tant d'obstacles à vaincre pour faire adopter une innovation, qu'on est quelquefois obligé de recourir à des moyens qu'il répugnerait d'employer, si les exigences du devoir ne commandaient pas de réunir toutes les ressources dont on peut disposer contre le mauvais vouloir.

Dans un cas semblable, il ne suffit pas d'écarter les préventions qui s'élèvent contre le travail, il faut encore détruire les préjugés qui s'attaquent à l'ouvrier; car, pour déprécier plus sûrement l'invention, on s'efforce d'amoindrir l'auteur, en lui contestant les qualités requises pour la produire.

C'est cette dernière opposition qui me force, bien à regret, à aborder le sujet toujours épineux des considérations personnelles.

Il est moins rare qu'on ne le croirait, en effet, dans notre société chrétienne, travaillée par les idées de liberté, d'égalité et de fraternité, de rencontrer des personnes qui, pour donner satisfaction à leur intérêt, à leur jalousie ou à leurs répugnances, semblent portées à invoquer l'antique doctrine des castes. A leurs yeux les spécialités diverses semblent séparées par des lignes de démarcation qu'il n'est pas permis de franchir, et elles déclareraient au besoin qu'un homme, qui se sera fait connaître dans la caste des menuisiers par exemple, ne peut, quelles que soient ses aptitudes, être admis dans celle des architectes. Ce qu'il y a de plus singulier, c'est que cette manière de voir, qu'on serait tenté d'attribuer à un petit nombre d'esprits peu cultivés, est partagée par des ultra-libéraux, progressistes jusqu'à l'utopie. On serait bien étonné si je citais des noms, et qu'on trouvât parmi eux, des adeptes de la doctrine du travail attrayant et de la perfectibilité surhumaine.

Ce préjugé ou plutôt cette arme du mauvais vouloir a été fréquemment employée contre moi.

Quand j'ai essayé de produire les résultats de mes travaux en architecture, ceux qui me regardaient comme un concurrent incommode, ont affecté un dédain prononcé en m'opposant mon origine de menuisier. Voyons donc si ce qu'ils ont voulu faire considérer comme un désavantage, ne m'a pas placé, au contraire, dans les conditions les plus favorables pour atteindre le but auquel je tendais.

Je m'efforcerai d'être bref dans la relation des faits que j'ai à consigner.

En 1825 je commençai mon apprentissage de menuisier en bâtiments; j'avais alors treize ans et je sortais de la classe de quatrième. Dans cet état, que je préférai à celui de mon père, qui était horloger, j'eus l'avantage de faire un apprentissage sérieux, ayant été placé, à Paris, dans un atelier de première importance, auprès d'un de ces ouvriers habiles qu'on appelle marchandeurs et avec lesquels on reste constamment à l'établi sans être exposé à aucun dérangement. J'ai continué de m'occuper de menuiserie jusqu'en 1842, mais en joignant successivement d'autres branches à cette spécialité. En 1831, à l'âge de dix-neuf ans, un propriétaire qui se plaît à encourager les jeunes gens et qui a droit à ma reconnaissance, M. Jeunesse, me confia l'entreprise de toute la menuiserie d'une maison de campagne assez importante, dans les environs de Paris. Ces travaux terminés à la satisfaction générale, je revins m'installer entrepreneur de menuiserie en bâtiments à Paris.

Au milieu des occupations que me donnait mon établissement, je ne cessais de rechercher l'instruction. Après avoir acquis les connaissances, plus étendues qu'on ne pense, qui sont nécessaires pour faire un menuisier complet [1], j'étendis mes études à l'art en général et à l'architecture en particulier.

Alors la réaction en faveur des œuvres du moyen âge gagnait chaque jour du terrain. Reproduire la menuiserie de cette époque, qui réunit tous les mérites du travail du bois, fut bientôt l'objet de mon ambition. Un ecclésiastique distingué, dans le pensionnat duquel j'avais fait mes études, vint me fournir l'occasion de tenter un essai et décida ainsi du reste de ma carrière. Ce fut en 1834, que M. l'abbé Auger me commanda une chaire à prêcher pour l'église Saint-Antoine de Compiègne, dont il était curé. Jusqu'à ce moment on s'inquiétait peu de mettre les objets d'ameublement en rapport avec le style des édifices auxquels ils étaient destinés. M. l'abbé Auger fut un des premiers à entrer dans une voie meilleure, et il fut décidé que la chaire projetée pour Saint-Antoine serait du style ogival qui caractérise cette église. La composition de cette chaire me fit entreprendre des recherches nombreuses sur l'architecture ogivale; son exécution m'amena à joindre la pratique de la sculpture à celle de la menuiserie. Ce coup d'essai, qui n'est pas irréprochable dans quelques-unes de ses parties, fut considéré, au moment de son apparition, comme un indice de la rénovation de la menuiserie sculptée du moyen âge, et il fit une telle sensation que M. de Rambuteau, préfet de la Seine, et M. de Quélen, archevêque de Paris, furent du nombre des visiteurs qu'il attira en foule dans mes ateliers.

A partir de ce moment j'abandonnai la menuiserie en bâtiments pour m'occuper exclusivement de l'exécution de la menuiserie d'art. Je fondai, à cet effet, une école spéciale, dans laquelle ont été exécutés un certain nombre d'ouvrages, qui peuvent passer pour de véritables monuments en bois. Parmi les différentes chaires, buffets d'orgue, bancs-d'œuvre, etc., sortis de l'école de menuiserie d'art, je citerai le buffet d'orgue du chœur de Saint-Germain-l'Auxerrois et le jubé de Saint-Pierre d'Aire-sur-la-Lys.

Grâce à la prédilection toute particulière avec laquelle je traitais la menuiserie sculptée, j'acquis bientôt une certaine réputation dans cette nouvelle spécialité, comme on peut s'en assurer en se reportant à divers articles des journaux du temps. Mais je ne tardai pas aussi à apprendre à mes dépens qu'agir en artiste fortement épris de son art n'est pas agir en entrepreneur jaloux de ses

1. Voir mon *Mémoire sur les diverses améliorations apportées dans l'emploi des bois pour la menuiserie*, présenté à la Société d'émulation des Vosges, en 1846.

intérêts. Quoique je ne négligeasse pas la science dans mon cabinet, et que j'eusse déterminé théoriquement les règles qu'il fallait suivre pour évaluer la menuiserie d'art, règles qui ont trouvé place dans un traité complet de l'évaluation de la menuiserie que j'ai publié avec l'aide de M. Bellot en 1847 [1], je faisais presque toujours, et en connaissance de cause, les marchés à mon détriment, dans la crainte de manquer un travail interessant. J'ai encore entre les mains une pièce émanant du conseil de fabrique de Saint-Germain-l'Auxerrois, qui constate que le buffet d'orgue du chœur que j'ai fait pour cette église me coûte beaucoup plus cher qu'il n'a été payé. Indépendamment de la facilité avec laquelle je me laissais aller à faire des concessions, ce genre d'exécution, extrêmement ingrat, donne lieu à des difficultés qu'aucun de ceux qui s'en sont occupés depuis n'a pu surmonter. Sans parler de la valeur des bois de choix qu'il faut employer, les frais de main-d'œuvre sont si énormes par le fait, et, en même temps, si difficiles à reconnaître dans l'ouvrage terminé, qu'on ne trouve même pas de vérificateurs qui soient en état de les apprecier. Puis, le bois n'étant pas considéré comme une matière de prix, on accorde difficilement au travail de cette matière la valeur qu'il a reellement. Le prix qu'on attache au marbre, par exemple, fait consentir volontiers pour la marbrerie, à des dépenses qui paraissent exorbitantes quand il s'agit de les appliquer à des boiseries; et cependant, quelle que soit la différence de valeur des deux matières brutes, les propriétés complexes du bois et sa variabilité exigent, dans l'exécution de la menuiserie d'art, des soins et une foule de combinaisons dispendieuses auxquelles l'inertie du marbre dispense d'avoir recours. De là résulte, dans la menuiserie un excédant de dépenses que les assemblages multipliés qu'elle comporte augmentent encore.

A peine ces difficultés formidables m'eurent-elles apparu dans toute leur étendue, que me trouvant épuisé pour les avoir affrontés tête baissée, je dus prendre le parti de cesser les fonctions d'entrepreneur qui étaient décidément en dehors de mes aptitudes pour prendre la position d'architecte. Sous le rapport de l'art, j'avais fait des études beaucoup plus complètes que beaucoup de ceux qui exercent cette profession. La construction ordinaire m'était familière comme à tous les entrepreneurs qui ont pris part aux travaux du bâtiment. La science de l'évaluation ne m'était pas étrangère, comme on a pu le voir. Je n'avais donc (pour compléter mon instruction) qu'à m'initier aux secrets de l'art monumental proprement dit. La connaissance que je fis de feu Louis Piel en 1838, à l'occasion d'un article qu'il avait publié dans *l'Européen*, me valut des leçons d'un prix inestimable sous ce rapport. Familier avec la philosophie de l'art, dont il se plaisait à développer les grands principes, il fut pour moi un maître que je ne saurais trop regretter. Grâce à ses enseignements chaleureux, je pus joindre bientôt la pratique à la théorie, et dès 1840, ayant encore mon établissement de menuiserie d'art, je débutai dans l'architecture monumentale par les travaux de restauration et de décoration de Saint-Pierre d'Aire-sur-la Lys. J'ai fourni les planches d'une monographie de cette église, qui a été publiée en 1844 [2].

En cessant les entreprises pour mon compte, je n'avais pas abandonné pour toujours la fondation de l'école de menuiserie d'art. Je m'étais réservé de la continuer, en la plaçant dans des conditions plus favorables sous le rapport économique, dès que je trouverais quelqu'un pour me suppléer. C'est ce qui se réalisa en 1843. Un de mes anciens élèves, M. Ciroux, partageant l'espoir que j'avais de voir prospérer un établissement de ce genre dans une localité où le bois serait commun et la main-d'œuvre peu coûteuse, et acceptant d'en prendre le fardeau, l'école fut transférée à Mirecourt, dans le département des Vosges. Depuis dix ans que cet établissement existe, M. Ciroux a exécuté, d'après mes dessins, bon nombre de monuments en bois, dont la bonne exécution est la preuve la plus certaine que les traditions de l'école de Paris se sont perpétuées dans celle de Mirecourt.

1. *Traité complet de l'évaluation de la menuiserie, ou méthode générale pour mesurer, détailler et mettre à prix les ouvrages de menuiserie en bâtiment et ceux de menuiserie d'art*, avec atlas, par Boileau et Bellot; chez Carilian Gœury.

2. *Esquisse scénographique et historique de l'église Saint-Pierre d'Aire-sur-la-Lys.* Grand in-folio. Curmer, 1844.

Il est temps de parler de la tâche que je m'étais imposée et dont les obligations influaient déjà sur les déterminations que j'avais à prendre.

Porté dès l'enfance à faire le mieux possible en tout ce dont je m'occupais, j'appliquai d'abord cette disposition à la pratique de la menuiserie, et personne ne conteste le mérite des ouvrages que j'ai produits dans cette partie. Il est constant que la majeure partie des ouvrages de menuiserie qui ont été faits dans ces derniers temps, en dehors de l'établissement de M. Ciroux, pour les édifices publics (Saint-Germain-l'Auxerrois, la Sainte-Chapelle, etc.), n'ont été exécutés qu'avec le concours des élèves que j'ai formés.

L'architecture que j'avais définitivement embrassée, m'offrait un champ plus vaste encore, et bientôt, frappé des regrets que j'entendais exprimer de tous côtés, relativement à la stérilité de notre époque en fait d'art monumental, je conçus le projet de chercher le nouveau style d'architecture que l'opinion publique réclamait. En 1837, je me livrais déjà à des recherches considérables et à des études approfondies dans ce but, et dès 1840, après avoir effectué de nombreux voyages pour comparer entre eux les monuments de plusieurs contrées, je faisais les premiers essais.

Pour réaliser mes vues, il me fallait acquérir le titre de constructeur et faire mes preuves en archéologie [1]. L'Église qu'il s'agissait d'élever à Mattaincourt, commune très-rapprochée de Mirecourt, et lieu de pèlerinage déjà célèbre où repose le corps du bienheureux Fourier, pouvait suffire à ces prétentions. Aussi, l'espoir d'en être chargé fut-il le principal motif qui me décida à quitter pour un temps la capitale, dont les ressources m'étaient cependant nécessaires pour l'exécution de mes desseins. En 1843, je m'établis dans les Vosges, où j'obtins, après examen, une commission d'architecte des constructions communales, et devins architecte de l'arrondissement de Mirecourt. Grâce à la confiance que m'accorda M. l'abbé Hadol, curé de Mattaincourt, et à la fermeté avec laquelle il résista aux influences déplorables qui pesaient alors sur l'administration centrale, plus disposée à tenir compte des protections qu'à favoriser les jeunes artistes désireux de se produire, j'atteignis enfin l'objet de mes vœux.

Si j'en crois la satisfaction que cause généralement l'église de Mattaincourt, j'ai été assez heureux pour répondre à l'attente du zélé fondateur de cette œuvre, et lui témoigner ainsi ma reconnaissance, tout en travaillant à ma réputation. Pendant mon séjour à Mirecourt, je publiai un essai sur l'art monumental, qui porte la date de 1847 [2].

Une fois muni des titres sur lesquels j'avais besoin de m'appuyer, je dus songer à recourir de nouveau aux facilités que la capitale pouvait seule m'offrir. La révolution de février venait de s'accomplir. Entraîné par les illusions qu'elle fit naître en tant de cœurs et que je partageais, je me laissai détourner un moment de mes travaux ; mais dès le commencement de 1849, après avoir subi quelques-unes des fluctuations de la politique du temps, je revenais m'établir à Paris pour les reprendre.

Depuis cette époque, je me suis constamment et presque exclusivement occupé de la composition d'une nouvelle forme architecturale. Les quatre années qui se sont écoulées ont été employées, tant à la rédaction de l'ouvrage explicatif que j'annonce plus loin, qu'à l'exécution des modèles et dessins d'application dont il est également parlé dans cette publication [3].

Or, quand je repasse dans ma mémoire l'enchaînement des circonstances qui m'ont conduit où

1. J'ai exposé au *Salon* de 1843, une composition de tableaux d'autel, dits *Canons*, à l'aquarelle, et une décoration polychrome de chapelle ogivale (vitraux et peintures murales). Ces ouvrages d'une nature toute différente de ceux auxquels je m'étais adonné en premier lieu ont eu quelques succès. Le canon d'autel a été reproduit en chromolithographie par l'éditeur Curmer.

2. *De l'Art religieux et monumental à propos de la restauration et de la construction d'églises gothiques dans les Voges*. Nancy. Vagner, éditeur.

3. J'ai aussi fourni pendant ce temps au *Moniteur universel* des articles qui contiennent quelques principes généraux. Ils se trouvent dans les numéros du 29 octobre 1850, 23 avril 1831, 27 octobre même année et 3 avril 1853.

j'en suis, je bénis la Providence, qui, en me faisant suivre une route peu fréquentée et souvent pénible, m'a permis, je le crois, d'arriver au port et d'éviter les écueils.

En exerçant la menuiserie à l'âge où l'on perd son temps à l'école, j'ai eu l'avantage de me familiariser avec les ressources de la pratique, et de me soustraire à l'influence des préjugés qui règnent dans l'enseignement des beaux-arts. En composant un grand nombre de projets destinés à être exécutés immédiatement, j'ai pris l'habitude de prévoir les moindres détails de l'exécution et de préférer les dessins sérieux à ces images brillantes, mais inexécutables, dont se contentent trop souvent les élèves en architecture. En m'occupant d'ouvrages en bois, j'ai eu l'occasion de manier plus de combinaisons architectoniques qu'aucun autre architecte. En dirigeant un atelier composé de praticiens d'élite, j'ai été à même de faire des expériences et de consigner des observations, tant sur les divers procédés de main-d'œuvre que sur l'appréciation de la dépense qu'ils occasionnent. En faisant construire une église ogivale, en province, par des exécutants qui n'avaient aucune idée du système ogival, je me suis fortifié dans la pratique de l'art de bâtir par une coopération constante à l'exécution qui n'a pas lieu à Paris. Enfin, en interrogeant avant tout les monuments eux-mêmes, en prenant l'instruction partout où elle se montrait solide et en restant en dehors des coteries, j'ai été à l'abri de la séduction des sophismes que les doctrines exclusives enseignent, aussi bien en art qu'en archéologie.

De tout cela je conclus, à l'encontre des contradicteurs dont il s'agit, que loin d'avoir eu des inconvénients pour mon éducation artistique, la direction que j'ai suivie m'a placé dans les conditions les plus favorables pour travailler à réaliser un progrès dans l'art monumental.

Maintenant, il ne me reste plus qu'un devoir bien doux à remplir, c'est d'exprimer une reconnaissance inaltérable à tous les hommes de progrès qui ont bien voulu encourager mes efforts, à ceux qui ont voulu rester ignorés, comme à ceux dont les noms figurent dans ce recueil. Si j'ai rencontré bien des obstacles que je ne devais pas prévoir, j'aime à reconnaître aussi que j'ai souvent obtenu un appui et un concours que je n'avais pas espérés.

EXTRAIT

DU REGISTRE DES LIBÉRATIONS

DU CONSEIL GÉNÉRAL DES BATIMENTS CIVILS

SÉANCES DES 14 ET 17 MARS 1858

RAPPORT FAIT AU CONSEIL

PAR

MM. GOURLIER, RAPPORTEUR; BIET, INSPECTEUR GÉNÉRAL; DE GISORS, MEMBRE HONORAIRE[1]

M. le Directeur des beaux-arts, au nom de M. le Ministre de l'intérieur, a informé M. le vice-président du conseil que M. Boileau avait exprimé le désir de lui présenter un modèle d'église qu'il a fait exécuter en bois, et il l'a prié, en conséquence, d'en faire l'examen.

Le Conseil nous ayant fait l'honneur de nous charger de préparer cet examen, nous en avons conféré avec M. Boileau, qui, indépendamment des renseignements et explications dans lesquelles il est entré verbalement, nous a remis et communiqué diverses pièces écrites, dessinées et imprimées.

L'ensemble des documents dont nous nous sommes ainsi trouvés nantis se compose ainsi qu'il suit, à peu près dans l'ordre chronologique de leur étude ou rédaction :

1 Ayant quelques observations à faire sur certaines propositions incidentes contenues dans ce rapport, je tiens auparavant à remercier la Commission en général, de la bienveillance qu'elle a apportée dans son examen, et surtout à témoigner ma reconnaissance, d'une manière toute particulière, à M. Gourlier, pour l'attention et la conscience dont il a fait preuve dans l'exercice de ses fonctions de rapporteur. J'ai été vivement touché de l'empressement que cet honorable secrétaire du Conseil a mis à accueillir tous les renseignements qui pouvaient l'aider à éclairer ses collègues, et des excellentes intentions dont il s'est montré animé.

J'ajouterai que c'est M. Biet à qui j'ai eu l'occasion de communiquer mes pièces le premier, et qui m'a engagé à les soumettre au Conseil, en me disant qu'il trouvait *le système de construction très-rationnel, la forme entièrement nouvelle, et que la composition, prise dans son ensemble, avait toutes ses sympathies.*

(*Note de l'auteur.*)

1° Un modèle en bois, en masse seulement, à l'échelle de cinq millimètres, d'une église, ayant, dans ses plus grandes dimensions, deux cent soixante-douze mètres de longueur, deux cent vingt-huit mètres de largeur et cent soixante mètres de hauteur (toutes dimensions excédant celles de Saint-Pierre de Rome), composée d'une nef principale, de dix-neuf mètres dans œuvre, avec transsept et deux nefs latérales de chaque côté, de huit mètres chacune; et, pour le même monument, le plan et un fragment de coupe à l'échelle de un centimètre, plus les détails.

Enfin, un petit plan à l'échelle de un millimètre.

2° Un imprimé annonçant l'exposition, chez M. Boileau, en 1850, du modèle précité, comme *invention d'une forme architecturale nouvelle sous le double rapport de la construction et de la décoration ou du style, et* la publication d'un ouvrage intitulé : DU PROGRÈS DANS L'ART MONUMENTAL, RECHERCHES HISTORIQUES, ESTHÉTIQUES ET SCIENTIFIQUES, appliquées à l'invention précitée, etc.

3° Un mémoire de M. A. Lenoir, une notice de M. Feugueray et des opinions de monseigneur l'Archevêque de Paris, de MM. Vitet, A. Lenoir, de Lasteyrie, Mérimée et Reynaud.

4° Quatre projets, par M. Boileau, d'après le même système, d'églises, dont deux de dimensions moyennes et deux autres de petite dimension : l'un, notamment, présenté pour la chapelle de la Trinité (rue de Clichy), avec variante supposant l'exécution des points d'appui intérieurs et de l'ossature des voûtes en fer et fonte; et, relativement à ce dernier projet, une correspondance contenant le rejet du conseil de fabrique, mais motivé seulement sur les difficultés et les délais que pourrait entraîner ce mode d'exécution, le Conseil témoignant, du reste, de l'intérêt que lui a inspiré le projet en lui-même [1]; et la réponse faite par M. Boileau aux objections élevées.

5° Enfin le projet d'*Introduction* de l'ouvrage précité.

Le nombre et l'importance de ces pièces suffiraient pour indiquer l'esprit de conviction, le zèle et les soins apportés par M. Boileau dans la conception, les développements et l'étude des idées qui sont soumises au Conseil; et sans vouloir rien préjuger, quant à présent, de la valeur artistique et pratique de ces idées, nous ajouterons immédiatement que la connaissance approfondie que nous en avons prise nous a convaincus entièrement de la bonne foi, des intentions louables et de l'instruction de leur auteur; nous allons en soumettre au Conseil un résumé aussi succinct que possible, mais en même temps suffisamment complet, et nous ferons suivre ce résumé de nos propres observations.

Le point de départ de M. Boileau, ainsi que de MM. Lenoir et Feugueray, est la conviction que, de l'étude des développements successifs de l'architecture aux différentes époques et chez les différents peuples connus, résulte ce qui suit :

1° Le style roman n'ayant été qu'une imitation dégénérée de l'architecture antique, le style dit *ogival* a été, au contraire, un progrès, une amélioration notable, comparative-

1. On trouvera plus loin la pièce dont il est fait mention. Le projet d'église pour la Chapelle-Saint-Denis, reproduit dans les planches de ce recueil, est un des quatre mentionnés dans ce paragraphe.
(*Note de l'auteur.*)

ment aux divers styles précédents; surtout en ce qui concerne l'application aux édifices religieux, comme constituant principalement l'architecture de chaque peuple, et notamment, en raison des dimensions élancées et élevées que réclamaient particulièrement les édifices chrétiens; et à cause de l'économie considérable de matériaux, de main-d'œuvre, d'espace, conséquemment de dépense, proportionnellement surtout aux édifices de l'époque précédente [1].

2° La *renaissance*, c'est-à-dire le retour plus ou moins complet aux dispositions, au style, aux données de l'architecture antique et païenne, a été une *déviation* de ce progrès, surtout, lorsque d'abord ces données ont été formulées en règles plus ou moins précises par des auteurs enthousiastes et devenus *classiques*, et plus encore par suite des imitations, des reproductions, des copies des édifices antiques ou de leurs principales dispositions, appliquées à tort dans des circonstances et pour des besoins tout à fait différents [2].

1. Faute d'explications suffisantes, sans doute, la Commission m'attribue, ainsi qu'à MM. Albert Lenoir et Feugueray, une opinion que je ne partage pas plus que ces messieurs. On peut voir, en effet, dans le cours de ce recueil, que nous regardons, non pas seulement le *style* roman ou la décoration romane, mais bien le *système roman* pris dans toute l'étendue du mot, comme un résumé des œuvres architecturales de l'art latin et de l'art byzantin, qui est comme l'expression de toutes les tendances de l'art monumental au moment où la civilisation chrétienne va se l'approprier. Si le système roman est le premier essai de l'art chrétien, et qu'à ce titre il comporte les tâtonnements et les imperfections d'une œuvre de transition, on ne peut pas dire pour cela qu'il soit *une imitation dégénérée de l'architecture antique;* ce qui contribue au progrès ne saurait être de la décadence ; les crises de la croissance ne sont pas les mêmes que celles de l'agonie.
(*Note de l'Auteur.*)

2. Attaquer la *renaissance*, c'est protester contre le contre-sens manifeste qui résulte de la reproduction de l'antique dans l'architecture moderne, de la forme expressive du paganisme dans la civilisation chrétienne. On s'explique très-bien les répugnances que de telles attaques devaient soulever dans un Conseil composé, en grande partie, d'hommes qui, dans leur temps, ont fait des efforts inouïs pour galvaniser cette idole de convention qu'on appelle le beau antique. Aussi, la mauvaise humeur qui règne dans l'avis émis à la suite du rapport, et dont la Commission a eu le mérite de se défendre, s'adresse-t-elle encore plus à cet énoncé de principes qu'à l'innovation qui était en cause. Ce n'est pourtant pas en employant de tels moyens qu'on parviendra à ramener l'opinion en faveur d'une cause à peu près perdue. Sans parler du mouvement bien prononcé qui a lieu dans le sens d'un progrès caractéristique de notre époque, il s'est formé, depuis longtemps déjà, une opposition formidable dans l'école même de l'imitation archéologique. Le drapeau du moyen âge a été levé contre le drapeau de l'antique, et, tandis que le camp des sectateurs de l'art gréco-romain est chaque jour plus abandonné, celui de leurs adversaires, incessamment grossi de nombreuses recrues, compte maintenant des forces au moins égales. Je ne citerai, comme preuve de cet antagonisme, que la division qui existait, il y a fort peu de temps encore, au sein de l'administration. Tandis que le Conseil des bâtiments civils, qui siége au ministère de l'intérieur, se retranche dans l'antiquité et nie que l'architecture du moyen âge soit un progrès sur celle des Grecs et des Romains, il y a peu de temps encore, au ministère des cultes un autre Conseil posait, au contraire, le système ogival, comme le terme définitif et infranchissable du progrès.

Ces deux Conseils se sont trouvés ainsi longtemps en présence, émettant des avis basés sur des principes diamétralement opposés et ne s'accordant que pour empêcher toute tentative de perfectionnement de se produire. Enfin cet esprit d'exclusion divergent et systématique vient d'être restreint dans son action par une réorganisation du Conseil des cultes, qui paraît devoir être favorable au progrès, et qui fait bien augurer des tendances du gouvernement en ce qui concerne la direction de l'art.

En réfléchissant aux conséquences que doit entraîner cette transformation de l'opinion directrice, on parvient à s'expliquer les paroles d'un des membres les plus éminents du Conseil des bâtiments civils, qui disait dernièrement que ce Conseil *se mourait de sa belle mort.* (*Note de l'Auteur.*)

3° Dès longtemps on éprouvait généralement le besoin d'une forme, de données architecturales nouvelles, appropriées à l'époque actuelle, à ses mœurs, à ses idées, enfin à l'*esprit de progrès* qui se manifeste, non-seulement dans l'industrie, mais dans toutes les branches des connaissances humaines, et auquel les arts ne peuvent ni ne doivent être étrangers.

Comme preuve, comme expression de ce besoin généralement senti, M. Boileau cite, d'abord, l'espèce de concours ouvert sous Louis XIV, du reste sans résultat satisfaisant, pour l'invention d'un style ou plutôt d'un ordre français; puis des opinions émises, en 1840, par le comité des arts et monuments historiques; en 1846, au nom de l'Académie des Beaux-Arts; enfin, en 1847, par M. Vitet; opinions que nous rappelons au moins en partie ci-après.

Par une suite naturelle, d'abord de la supériorité qu'a, aux yeux de M. Boileau, le style dit *ogival*, et d'ailleurs, de besoins, de données analogues, les plans surtout de ses diverses églises rentrent en général dans ceux des plus beaux édifices de ce style, tant dans leur ensemble que dans la forme et la disposition spéciales des divers points d'appui. Leur mode de construction, sauf toutefois la variante que nous avons déjà indiquée, et, toujours sauf cette variante, cette conformité se retrouvent en général aussi, et dans la partie en élévation de ces points d'appui, et dans les formes, la courbe des arcs et des voûtes qui réunissent ces piliers. Cependant, tout en préférant l'*arc ogival*, tant en principe que comme rentrant plus spécialement dans son système, M. Boileau regarde le *plein-cintre* comme pouvant également y être appliqué, et il en a même fait emploi dans plusieurs parties de son projet. De plus, d'après la demande, les conseils de plusieurs personnes, il a également étudié et appliqué l'exécution en fer ou en fonte des points d'appui ou au moins d'une partie des points d'appui, ainsi que des nervures, de l'ossature des voûtes; et en condamnant, du reste à juste titre, l'emploi de ce mode de construction dans toute reproduction positive des édifices du moyen âge comme de toute autre époque antérieure, il annonce avoir reconnu cette application comme parfaitement convenable à son système, non-seulement au point de vue de la solidité et de la stabilité, mais aussi sous le rapport de l'économie et en raison du plus de facilité qui en résulterait pour la circulation, la vue des cérémonies du culte, etc.

Ce qui, d'après l'auteur lui-même, constitue principalement sa *nouvelle forme architecturale*, c'est d'abord qu'à l'exception de l'enceinte ou enveloppe extérieure de l'édifice (à laquelle il faut ajouter quelques divisions au droit des porches d'entrée, etc.), il n'y a généralement à l'intérieur aucun mur plein, toutes les divisions étant formées par les piliers ou points d'appui précités, lesquels, depuis chaque extrémité jusqu'au centre, vont tous en augmentant successivement de hauteur et sont reliés entre eux, d'abord, à partir du sommet des piliers extrêmes et par conséquent les moins élevés, par une ou plusieurs galeries suspendues; puis (et ici nous employons textuellement les termes de l'auteur lui-même dans sa notice descriptive) « par une réunion de voussures ou de « portions de voûtes qui se contrebоutent les unes les autres depuis les points les plus bas « jusqu'aux plus élevés..... » Aspect et disposition d'après lesquels l'auteur a désigné, dans le brevet qu'il a pris, la partie industrielle de son invention par le titre : « Système de construction ou forme architecturale à voussures imbriquées et à nervures butantes. » De plus, chaque angle de l'édifice est buté par une tour plus ou moins élevée, et au-dessus du transsept est une tour principale et centrale butée elle-même au moins dans une partie de sa hauteur par l'ensemble des voûtes environnantes. Toutes les portions de remplissage de ces voûtes entre les nervures sont, du reste, formées par une double surface concentrique et correspondante, — la portion intérieure et concave faisant partie des voussures, la portion extérieure et convexe faisant partie de la couverture, — et entre lesquelles existe un espace vide isolant l'intérieur du contact immédiat de l'atmosphère extérieur. Sous ces diverses portions de voûte, chaque pignon est formé par des remplissages en pierres évidées et vitrés pour l'éclairage, l'aération, etc. Enfin, toutes les parties susceptibles d'être traitées avec plus ou moins de simplicité ou de richesse sont disposées de façon à former, tant à l'intérieur qu'à l'extérieur, un ensemble ascendant, et tel notamment que, dès l'entrée de l'édifice, on aperçoive au moins une grande partie du tambour de la tour centrale, etc.

Tel est, si nous ne nous trompons, l'énoncé à peu près complet des dispositions indiquées par M. Boileau; nous résumerons, en outre, ainsi les principaux avantages qui y sont attribués :

1° Nouveauté, originalité et vérité de la forme présentant une relation entière entre toutes les parties intérieures et extérieures; et susceptible, dès lors, de caractériser un progrès actuel de l'art, en rapport avec les besoins de l'époque.

2° Solidité et stabilité complètes en raison de la neutralisation respective des diverses poussées.

3° Économie notable, en raison tant de la suppression de tous murs intérieurs que de la faible proportion des points d'appui par rapport à la surface totale, ainsi que de la suppression d'une charpente spéciale pour recevoir la couverture, comme aussi de tout arc-boutant apparent et découvert, tel que ceux qui existent dans les édifices du moyen âge.

4° Enfin, d'après ce, obtention du *maximum* d'effet avec le *minimum* de mise en œuvre, et, de plus, disposition également favorable pour les effets tant intérieurs qu'extérieurs.

Avant de soumettre au conseil les résultats de l'examen attentif auquel nous nous sommes livrés sous ces différents points de vue, et bien que nous n'ayons ici ni le devoir, ni la prétention de nous livrer à une discussion purement théorique et en quelque sorte académique, nous ne pouvons nous dispenser de dire au moins quelques mots sur les questions que nous avons eu à énoncer précédemment.

Ainsi, en premier lieu, nous ne pensons aucunement que *l'art du moyen âge*, gothique ou ogival, *ait été un progrès sur l'architecture antique*, non que nous ne reconnaissions dans les bons exemples de cette sorte d'architecture un très-grand mérite de combinaison en raison des données à remplir, ainsi que d'exécution ; mais parce qu'en général on ne perfectionne, on n'améliore que ce qu'on connaît bien, que ce qu'on a étudié à fond, ainsi que M. Boileau annonce l'avoir fait avec raison pour les différents styles d'architecture qui ont régné avant nous. Or, sans doute, dans une partie des édifices dont nous parlons, on retrouve quelques imitations, quelques réminiscences de détails de certains édifices antiques ou plutôt d'imitations antérieures; mais en général le système, non-seulement de dispositions d'ensemble, mais même d'ornementation, est tout différent en principe; et cela se conçoit, les moyens de communication étaient alors peu faciles; les ouvrages que nous possédons maintenant étaient loin d'exister. Dans les lieux mêmes où ils subsistaient, ces édifices antiques étaient ou enfouis, ou méconnus et dédaignés [1], et si cela a sans doute été un désavantage pour les architectes du moyen âge, cela a été sans aucun doute aussi une cause de ce que leurs productions ont pu avoir d'original et de primitif. Enfin, quoi qu'on puisse dire, — et abstraction faite de toute question de goût, sous le seul rapport des dimensions, — du mode simple, économique de construction, de la solidité, de la stabilité, de la durée, — comment les voûtes des Thermes (de vingt à vingt-deux mètres de largeur et de trente-trois mètres de hauteur); de la basilique de Constantin (vingt-cinq mètres sur trente-cinq mètres); du Panthéon (quarante-quatre mètres de diamètre et de hauteur), pourraient-elles être considérées comme inférieures aux voûtes gothiques, qui n'ont généralement que de douze à dix-huit mètres d'ouverture, et cinq ou six siècles au plus de durée? Et si ces dernières sont généralement plus élevées, ne doivent-elles pas en grande partie cet avantage aux moyens d'étaiement, à ces arcs-boutants d'un effet souvent pittoresque, mais nullement monumental, d'une durée si précaire, et dont M. Boileau a pris à tâche et se fait, à juste titre, honneur de ne pas avoir besoin dans ses conceptions [2].

1. Les notes précédentes répondent en partie à l'argument que la Commission m'oppose dans ce paragraphe. J'ajouterai que si les artistes du moyen âge ne connaissaient ni l'architecture des Grecs ni celle des Romains pour en avoir vu et étudié les productions sur place, ils connaissaient, ce qui valait mieux, les développements que le génie combiné des chrétiens d'Orient et d'Occident en avait tirés. J'ai fait voir que le système roman contenait tous ces développements. En développant et en perfectionnant à leur tour le système roman, les constructeurs des XIIIe et XIVe siècles n'ont donc fait que pousser plus loin les conséquences qui avaient été déduites de l'art monumental de l'antiquité. Qu'avaient-ils besoin de connaître l'édition originale de l'architecture antique, quand ils en avaient sous la main, des éditions corrigées et considérablement augmentées?

Pour éviter des malentendus comme ceux sur lesquels je suis obligé de revenir, je rappellerai de nouveau que, quand je compare des monuments, c'est avant tout la contexture essentielle de la bâtisse que j'ai en vue, et non pas le plus ou moins de grossièreté ou de finesse de l'enveloppe décorative, qui ne vient qu'en seconde ligne. (*Note de l'auteur.*)

2. Le rapprochement que la Commission fait entre les voûtes romaines et les voûtes qu'elle appelle *gothiques* est loin d'être aussi concluant qu'elle paraît le croire. D'abord la différence entre les portées respectives, même en la prenant d'une manière aussi absolue qu'on le fait, n'est pas bien sensible pour les voûtes d'arête sur lesquelles le débat roule principalement. Ensuite, ce n'est pas faire une comparaison heureuse que de mettre en regard une voûte isolée avec des ensembles de voûtes, et d'opposer des ouvrages qui sont des exceptions rares, et dont toute la nomenclature se trouve dans les citations qu'on vient de lire, à des applications aussi générales et aussi communes que celles qui ont été faites simultanément dans toute la chrétienté au moyen âge. J'ai déjà indiqué, dans d'autres pièces de ce recueil, les caractères distinctifs de ces deux sortes de voûtes.

Privée des ressources de l'ossature, d'une exécution longue et dispendieuse, la voûte romaine doit être définie la *voûte lourde* ou *massive*, par opposition à la voûte ogivale, qui est devenue la *voûte légère* par

Maintenant, que l'art du moyen âge ait été une merveilleuse expression des besoins de cette époque, c'est ce qui a toujours été reconnu par les gens de goût et de bonne foi, principalement en ce qui concerne la France, l'Allemagne et l'Angleterre; car en Italie, il n'a jamais pris grand développement, et, enfin, même en architecture, il ne faut pas être plus catholique que le pape. Mais, surtout, que la *Renaissance* ait été une déviation de la marche progressive de l'art, c'est ce que nous ne pouvons admettre non plus d'une époque à laquelle on doit, au moins en partie, Sainte-Marie des Fleurs, Sainte-Cécile d'Albi et tant d'autres chefs-d'œuvre.

Enfin, quant à la préférence à donner à tel ou tel style, quant à la question de savoir si véritablement on a éprouvé depuis longtemps le besoin d'un style particulier à notre époque, d'une forme nouvelle, si on les a réclamés, nous ne nous arrêterons pas aux essais si maladroitement tentés sous Louis XIV, et qui n'ont eu d'autre résultat que de mettre au jour, à titre d'ordre français, de mauvaises variantes du chapiteau corinthien, pour lequel l'antiquité romaine avait pourtant laissé tant de belles indications; mais avant de rappeler les citations faites par M. Boileau, nous nous référerons d'abord à tant de sages avis émis par le conseil général des bâtiments civils, toutes les fois qu'il a été consulté et qui, « en reconnaissant hautement le mérite incontestable des édifices du « moyen âge, et (sans rien prescrire ni rien proscrire) ont insisté, à si juste titre, sur les « inconvénients de toute imitation servile, à quelque genre qu'elle se rattachât, et sur la « nécessité, tout en s'inspirant des beaux exemples que les différents siècles nous ont lais- « sés, d'adopter les dispositions les mieux appliquées à notre climat, à nos matériaux, « ainsi qu'aux besoins et aux habitudes de notre époque, seul moyen qui puisse conduire « à un véritable progrès et au but vers lequel on doit toujours tendre : *Une œuvre d'art « qui soit véritablement de notre pays, de notre temps*[1]. »

excellence, par l'adoption de l'*ossature*, qui, en renforçant les points où la résistance est nécessaire, permet d'alléger la majeure partie de la surface.

La première, qui ne peut se soutenir que sur des massifs énormes et se fabriquer qu'avec l'aide d'attirails effrayants, a dû être restreinte à quelques édifices circulaires et à des portions de constructions ne comportant pas au delà de trois travées, tandis que la seconde a couvert plus de cent travées dans un seul et même monument et s'est étendue sur des espaces de 6,000 à 12,000 mètres superficiels, sans solution de continuité.

Grâce à l'invention de l'ossature, la voûte ogivale a pu couronner la plus modeste église de village; mais la voûte somptueuse des thermes impériales a fait défaut aux basiliques du peuple-roi, ce qui ne prouve pas en faveur du *mode simple et économique de construction* dont parle la Commission

La superficie relative des pleins et des vides des édifices romains voûtés que j'ai notée ailleurs est également significative. Mais il y a encore d'autres observations à faire. La voûte qui forme la coupole du Panthéon d'Agrippa a 5^{m} 18^{c} d'épaisseur à sa naissance. Le mur circulaire qui la supporte a, entre les niches ou enfoncements évidés dans sa masse, 6^{m} 15^{c} d'épaisseur, sur une hauteur qui ne dépasse pas 22^{m}. Les trois travées de voûtes-d'arête du temple de la Paix (qu'on désigne aussi, depuis peu, sous le nom de basilique de Constantin), indépendamment des colonnes de 2^{m} de diamètre adossées à des piédroits qui les soutenaient, étaient butées par des ouvrages latéraux qui formaient, en réalité, des contre-forts de 19^{m} de largeur. Croit-on que les grandes cathédrales et tous les édifices que le moyen âge a multipliés comme par enchantement, existeraient, si l'on eût été réduit à un mode de construction comportant de semblables exigences?

(*Note de l'auteur.*)

1. Cet avis est plus que sage, il est encourageant pour les novateurs. Mais ne pourrait-on pas accuser le Conseil de se mettre en contradiction avec ses maximes? Ou plutôt ne faut-il pas croire que les membres de

De même, le Comité des arts et monuments historiques disait en 1840[1] :

« Si la France était en possession d'une nouvelle architecture qui ne fût ni une copie, « ni une imitation d'un art étranger et épuisé ; si un architecte de génie se montrait avec « une forme nouvelle, la question se trancherait de soi, il faudrait embrasser cet art, lais- « ser faire et favoriser cet architecte, etc. »

En 1846, l'Académie des Beaux-Arts, après avoir aussi condamné tout abus d'un art épuisé, quel qu'il fût, après avoir déclaré qu'elle n'était pas plus d'avis *qu'on refît le Parthénon que la Sainte-Chapelle*, ajoutait : « Ressusciter un art qui a cessé d'exister « parce qu'il n'avait plus raison d'être... c'est méconnaître la nature de la société, qui « tend sans cesse au progrès par le changement ; c'est résister au dessein même de la Pro- « vidence qui, en créant l'homme libre et intelligent, n'a pas voulu que son génie restât « éternellement stationnaire et captif dans une forme déterminée ; et cette vérité s'ap- « plique aussi bien au grec qu'au gothique..... Il n'y a pour les arts comme pour les « sociétés, qu'un moyen naturel et légitime de se produire, c'est d'être de leur temps, de « vivre des idées de leur siècle, de s'approprier tous les éléments de civilisation qui se « trouvent à leur portée, de créer des œuvres qui leur soient propres... S'il devait en « être autrement il faudrait... déclarer non avenus tous les progrès accomplis, immo- « biliser le présent, etc. »

Enfin, en 1847, notre honorable collègue, M. Vitet, signalant les dangers où l'abus de l'archéologie pourrait entraîner l'art, disait : « Jamais l'art ne s'est produit deux fois « dans la même forme, ou bien la seconde fois, ce n'était plus que du métier ; » et il ajou- tait : « Honneur à ceux qui, même aujourd'hui, ne désespèrent pas d'inventer une archi- « tecture nouvelle, une combinaison de lignes et un système d'ornementation qui n'ap- « partiennent qu'à notre époque et qui en perpétuent le souvenir ! »

C'est à ces divers appels que M. Boileau a eu le désir, l'ambition de répondre ; et, pour examiner s'il y a et jusqu'à quel point il y a réussi, nous n'envisagerons d'abord que ses conceptions premières, c'est-à-dire celles où il a eu exclusivement en vue l'exécution en pierre ou du moins en maçonnerie.

Ne nous occupant aussi d'abord que de la condition *de nouveauté, d'originalité de la forme*, nous sommes portés à croire qu'elle est, au moins en grande partie, remplie. Sans doute il ne serait pas impossible de trouver, ou dans les productions de l'art oriental, ou dans quelques productions de cette renaissance des arts envers laquelle M. Boileau est si sévère, quelques rapports, quelques analogies avec l'ensemble et les résultats de ses dispositions ; et lui-même, ainsi que MM. A. Lenoir et Feugueray, citent comme tels les temples de l'Inde, les pagodes de l'Asie, les édifices de Byzance, la cathédrale de Milan et autres, etc.

la Commission prêtent généreusement au Conseil un avis dont la majorité des membres de ce Conseil n'accep- terait pas la responsabilité tout entière? (*Note de l'auteur.*)

1. Les citations qui suivent sont extraites de celles que la Commission annonce avoir été faites par moi. On trouvera le complément de ces citations dans l'introduction de mon ouvrage que je donne plus loin. Voir page 65. (*Note de l'auteur.*)

Mais, si nous ne nous trompons, on ne trouverait nulle part une combinaison, un développement pareils d'arcs et de portions d'arcs se contrebutant et se superposant en quelque sorte indéfiniment, substituant ou plutôt ajoutant ainsi à l'agencement vertical, que le moyen âge avait lui-même substitué à l'horizontal, l'agencement oblique ou ascendant. En ce sens, il nous semblerait donc qu'il y a invention, même dans le sens que la loi attache à ce mot; sinon comme création de dispositions entièrement nouvelles en elles-mêmes, du moins comme combinaison de dispositions déjà connues, de façon à produire un résultat nouveau dans son ensemble.

A notre avis, aussi, il y a *vérité;* chaque portion extérieure étant, en effet, parfaitement analogue à la portion intérieure correspondante et réciproquement. Mais, du reste, ce principe excellent en lui-même, est du nombre de ceux dont l'application ne peut être absolue et doit dépendre de maintes et maintes circonstances particulières. L'*horizontalité* des couvertures peut être le principe constitutif de l'architecture d'un climat constamment sec et peu pluvieux, de même que leur *obliquité* pour un climat humide; et cependant, des besoins, des convenances intérieures peuvent nécessiter, mériter au moins un plafond horizontal au-dessous des combles, sans que, pour cela, le style d'architecture puisse être accusé de manquer de vérité; et pour le dire en passant, M. Boileau a pourvu avec soin et intelligence à ce que, bien que concentriques, les surfaces intérieures et extérieures de ses coupoles couvrantes fussent séparées par un espace vide. Mais nous ne répondrions pas que, dans l'application, il ne vînt à remplacer, au moins dans certains cas, les convexités extérieures par des couvertures planes, ne fût-ce que pour, en effaçant les angles rentrants, mieux assurer l'écoulement des eaux ainsi que l'assèchement général; et cela, sans déroger notablement, ce nous semble, aux données fondamentales de son système.

Nous ne doutons pas non plus que, convenablement, soigneusement exécutée, une pareille construction ne puisse présenter toutes les données nécessaires de *solidité*, de *stabilité*, et par conséquent de durée; et nous nous plaisons à reconnaître tout ce que l'ensemble du système offre à ce sujet d'ingénieux et de parfaitement combiné. La seule difficulté consisterait à déterminer pour tous les piliers une force commune qui ne soit, ni trop considérable pour les moins élevés, ni insuffisante pour les plus élevés. Même cette difficulté, peu grave dans les édifices de peu d'étendue, et dès lors les plus nombreux, ne serait aucunement insurmontable, dans un édifice de la plus grande étendue.

Nous sommes moins convaincus que ce système doive, en général, offrir comparativement une économie notable. Nous reconnaissons tout ce qu'ont d'important sous ce rapport, et la faible proportion de la surface totale des points d'appui, et la suppression de tous murs intérieurs pleins, ainsi que d'un comble proprement dit; mais, d'un autre côté, il ne faut pas perdre de vue, entre autres considérations à ce sujet, qu'en raison même de ses combinaisons, et particulièrement du grand nombre d'angles rentrants ou saillants des façades extérieures, une construction de ce genre nécessiterait dans toutes ses parties, sinon une nature particulière, du moins un choix parfait de matériaux et une main-d'œuvre extrêmement soignée [1]; 2° que les parties les plus basses devant nécessairement avoir une élévation au moins suffisante, celles centrales acquerront nécessairement une élévation proportionnellement considérable, et qui devra influer sur l'importance des fondations mêmes, etc. [2]

Nous ne répondrions donc pas que ce système eût toujours pour résultat *obtention* du *maximum* d'effet au moyen du *minimum* de *dépense;* nous ajouterons même que, s'il est hors de doute que cet effet ne soit considérable et imposant, on ne saurait répondre non plus qu'il sera toujours satisfaisant et pour tous. Accoutumés que nous sommes, dans nos édifices, à l'horizontalité au moins des sommets des voûtes, des faîtages, des combles; cette succession continuelle de plans différents, de voussures superposées les unes aux autres, ne semblerait-elle pas souvent contraire à ces données d'unité, de simplicité, qui, même dans les compositions les plus riches, ont jusqu'ici fait la base, le principe de toutes les conceptions artistiques? Ce ne sont là que des doutes qu'il est de notre devoir d'émettre, mais que nous ne considérons, du reste, aucunement comme pouvant devenir une fin de non-recevoir contre des idées évidemment nouvelles. En pareille matière, l'exécution, l'expérience *de visu*, le sentiment public, peuvent seuls mettre à même de prononcer en toute connaissance de cause. Mais, pour cela, une nouvelle difficulté se présente, et M. Boileau en est convenu avec une entière bonne foi. L'application de son système à un édifice de peu d'importance, de peu d'étendue, ne produirait nécessairement que des effets peu différents de ceux des édifices ordinaires, et dès lors, les données qu'elle fournirait seraient jusqu'à un certain point insuffisantes pour juger des résultats de l'application à un édifice de grande étendue; et comme il serait, en même temps, peu facile et peu sage de faire immédiatement cette dernière expérience, nous ne verrions guère, pour s'en rendre un compte préalable, qu'un modèle à peu près à l'échelle de celui qui est actuellement présenté (cinq millimètres pour mètre), mais suffisamment détaillé et non simplement dégrossi en quelque sorte, comme ce dernier modèle, auquel on ne peut, du reste,

1. Il y a dans le progrès un enchaînement qui fait qu'une découverte ne se produit définitivement que quand tous les moyens nécessaires à sa réalisation sont trouvés. Cette loi providentielle a pour conséquence de faciliter l'exécution de choses de plus en plus compliquées. Combien n'y a-t-il pas de productions qui ont été regardées à leur origine comme des tours de force et condamnées à n'être jamais que des objets de curiosité isolés, et qu'on est parvenu à rendre usuelles, grâce aux procédés de fabrication qui sont venus se prêter à leur reproduction? La facilité avec laquelle on exécute maintenant les grandes pièces de construction en fer et en fonte en est un exemple. Les ouvrages qu'on fait tous les jours en ce genre auraient fait reculer les exécutants d'autrefois.

Je conviens que l'exécution de mon système exige des soins et une certaine perfection; mais ces soins et cette perfection ne sont nullement au-dessus de ce qu'on obtient journellement de nos industriels.

(*Note de l'auteur.*)

2. Dès qu'il s'agit d'un monument, de quelque importance qu'il soit, il faut toujours établir les fondations sur le bon sol ou sur une assiette incompressible. La hauteur des substructions ne peut donc être ni réduite ni augmentée en aucun cas. A profondeur égale, la surface des points d'appui étant moins considérable avec mon système qu'avec tout autre, il y a diminution dans le cube des ouvrages en fondation, et conséquemment dans la dépense.

(*Note de l'auteur.*)

que savoir gré à M. Boileau d'avoir consacré des soins et des frais nécessairement assez considérables [1].

Considérant, à juste titre, les édifices religieux comme la principale expression de l'art de chaque époque, ou du moins, comme en présentant les applications les plus notables, c'est principalement à des édifices de ce genre qu'il a fait jusqu'ici l'application de son système; et nous pensons aussi, que par la grandeur des effets qu'il a eus en vue, c'est surtout à ces sortes d'édifices que ce système serait applicable. Mais quelque immuable que soit leur destination, ces édifices ne sont pas non plus exempts de toute modification, en raison des temps et des circonstances qu'ils amènent. Autrefois, tout édifice religieux était accompagné, entouré d'édifices accessoires dans lesquels pouvaient être établies les sacristies et autres dépendances nécessaires à l'exercice du culte. Maintenant, il en est moins généralement ainsi, et si ce n'est pour les principales métropoles, cathédrales, toute église doit comprendre ces diverses dépendances, ou dans sa propre étendue même, ou du moins à une entière proximité : nous ne nions pas que les dispositions de M. Boileau ne permettent d'y satisfaire, mais aucun dessin, aucun plan n'en offre la réalisation [2].

Nous arrivons maintenant à considérer cette application, en tant qu'elle aurait lieu, du moins en ce qui concerne les points d'appui intérieurs et l'ossature des voûtes, à l'aide des moyens nouveaux dus aux progrès de l'industrie, c'est-à-dire de colonnettes et de *cerces*, etc., en fer ou en fonte. Et d'abord, en disant les moyens nouveaux, nous reconnaissons que l'antiquité même offrait des exemples de l'emploi des métaux en architecture, du moins comme moyen de revêtement, de couverture, etc. Et si, comme le Conseil l'a toujours recommandé, comme l'entend également M. Boileau, il est convenable de ne consacrer à la reproduction des formes, des dispositions mêmes de tel ou tel style, que des matériaux de même nature que ceux qui y ont été consacrés anciennement, cette obligation cesse nécessairement, lorsqu'il s'agit d'une combinaison plus ou moins nouvelle de ces formes mêmes, ainsi que dans le cas dont il s'agit. Et dès lors, rien en principe ne s'oppose à l'emploi de ce mode d'exécution qui, nécessairement, doit procurer une nouvelle et notable économie et d'espace et de dépense [3].

1. Il paraît que je ne me suis pas suffisamment expliqué sur ce point; car la Commission ne donne pas la véritable interprétation de ma pensée. En reconnaissant que mon système ne produirait que des effets peu différents des effets ordinaires, j'avais en vue les constructions à une seule nef, une chapelle par exemple. Mon projet d'église pour La Chapelle-Saint-Denis démontre surabondamment qu'un édifice de petites dimensions suffit à faire valoir ce système, pourvu qu'il comporte des nefs latérales. (Voir les planches.)

(*Note de l'auteur.*)

2. Il faut que ce détail ait échappé à l'attention de la Commission, car on peut s'assurer que tous mes plans et tous mes dessins donnent place aux annexes dont il est ici question, et cela de la manière la plus avantageuse, puisque ces annexes sont renfermées dans l'enveloppe générale et régulière des édifices, de manière à éviter les constructions ajoutées en dehors du plan principal et accolées à la masse monumentale comme des excroissances parasites. (*Note de l'auteur.*)

3. J'ai suffisamment traité ce sujet dans la pièce intitulée : « *Réponse aux objections* », je me bornerai donc à reproduire ici la lettre qui m'a été adressée par le conseil de fabrique de la paroisse de la Trinité et dont il est parlé au commencement de ce rapport.

Mais il devient nécessaire d'examiner aussi le plus ou moins de convenance de ce mode d'exécution pour tel ou tel genre d'édifice, et nous nous trouvons ainsi amenés à dire un mot de l'application que M. Boileau avait proposée pour le palais des Arts et de l'Industrie [1].

Là, les données économiques dont nous venons de parler étaient entièrement applicables et même prédominantes. Il importait particulièrement que l'espace intérieur fût aussi libre que possible et pour la circulation et pour la vision. Tel a été continuellement le sens des divers avis que le conseil a émis à ce sujet; tel est aussi, en définitive, le fond du projet en cours d'exécution, lequel, sous ce rapport, rentre en partie dans celui conçu par M. Boileau, sauf toutefois cette élévation graduelle des extrémités vers le centre qui fait la base de son système, mais qui n'aurait été aucunement motivée pour ce dernier édifice, et qui, dès lors, y aurait apporté inutilement un excédant de dépense considérable [2].

Pour apprécier toute la valeur de cette pièce, il faut savoir qu'elle a été rédigée par un savant praticien, qui fait autorité dans l'art des constructions en métal, M. Émile Martin, et qu'elle a été seulement signée par M. Jaunez-Sponville, en sa qualité de trésorier de la fabrique :

« Monsieur,

« Le conseil de fabrique a examiné avec soin et le plus grand intérêt votre projet d'église en fonte de fer.
« Il a reconnu tout le mérite de votre ingénieuse invention.

« Votre projet lui a paru ne rien laisser à désirer sous le rapport de la solidité et de l'élégance. La légèreté « des piliers réduits au faible diametre que comporte le métal, assure le plus grand espace et le plus grand « jour possible à l'intérieur de l'église.

« L'emploi du métal, qui reçoit par le moulage la plus grande richesse de sculpture et d'ornements, « presque sans augmentation de frais, a semblé une heureuse innovation pour rendre à nos églises la splendeur « de notre culte.

« Le conseil a conclu à ce qu'il serait désirable que cet intéressant projet pût trouver une application qui « en démontrât pratiquement toute la valeur.

« Mais en même temps le conseil a trouvé un obstacle insurmontable à l'acceptation de ce projet pour « l'église à construire dans la paroisse de la Trinité. Cet obstacle est le délai d'exécution qui ne peut être « accepté; car il a été reconnu que votre projet ne saurait être terminé qu'après le temps nécessaire pour « établir les modèles, fondre les pièces, ajuster ces pièces et les mettre en place. Or, les tâtonnements des « fondeurs et des ouvriers d'ajustage pour un travail nouveau, évidemment emploieraient un temps indispen- « sable, dont la durée ne peut être positivement assignée.

« Cette situation ne pouvant être acceptée par le conseil, il a dû ne point adopter, en vous témoignant tout « son regret de ne pouvoir concourir avec vous à réaliser un projet qu'il regarde comme un progrès de l'art.

« Je joins mes regrets personnels à ceux du conseil et je vous envoie ci-contre l'extrait de sa délibération en « ce qui vous concerne.

« Recevez, etc.

« Paris, 14 mars 1852 ».

L'extrait de la délibération a le même sens que cette lettre. Le conseil ne pouvant accorder que quatre mois pour la construction d'une église toute provisoire, on peut comprendre ce qu'étaient ces lenteurs qu'il redoutait et que l'exécution de mon système aurait pu entraîner. (*Note de l'auteur.*)

1. Ce projet n'a pas été présenté par moi seul. M. Albert Lenoir, qui m'avait aidé de ses lumières pour le composer, n'a pas craint d'en partager toute la responsabilité en le présentant conjointement avec moi. (*Note de l'auteur.*)

2. Dans la supposition que fait la Commission d'une grande élévation du chiffre de la dépense pour le projet dont il s'agit, qu'on me permette de voir une preuve du grand effet qu'aurait produit la composition de

Mais, lorsqu'il s'agit d'un édifice sacré, s'il est bon de pourvoir également à une certaine liberté d'espace, est-ce véritablement une condition qu'il faille pousser à toute rigueur, lorsque, dans les dogmes catholiques, c'est surtout mentalement que le fidèle assiste à la célébration du culte, lorsque la foi lui impose le devoir de baisser les yeux, de se prosterner dans les moments les plus augustes? Sans doute, des points d'appui ou trop massifs ou trop rapprochés, colonnes ou piliers, etc., sont nuisibles, et c'est un des avantages du style du moyen âge d'avoir remédié aux inconvénients que les édifices romans avaient à cet égard; mais, après avoir exalté la convenance, la supériorité du style ogival, faut-il maintenant lui faire son procès, le condamner à son tour au profit des édifices en fer [1]? La légèreté, la ténuité de ce nouveau mode d'exécution est-elle véritablement conforme à ce que tout édifice sacré réclame de majestueux et d'imposant? Quelles sortes de points d'appui réservez-vous à nos salles de réunions profanes, si vous adoptez si résolûment ceux-ci pour nos temples? et si, pour ces derniers, vous tenez tant à la facilité de la vision, ne ferez-vous pas cent fois mieux de supprimer toute division intérieure et de reproduire au profit de notre culte cette belle coupole d'Agrippa que nous avons déjà eu occasion de rappeler [2]? Telles sont les considérations que nous soumettons au Conseil, que nous croyons pouvoir être recommandées aux sentiments pieux et en même temps artistiques de M. Boileau et de ses adhérents, et qui nous sembleraient devoir faire regarder, non comme impossible, mais comme peu convenable, l'application de son système aux édifices sacrés, en tant qu'elle aurait lieu, quant à l'intérieur, à l'aide de charpentes en fer.

Parvenus au terme de notre travail, nous espérons que le Conseil voudra bien excuser la longueur des développements dans lesquels nous sommes entrés, en raison de l'importance même des efforts sur lesquels nous avions à nous expliquer, et des hautes et nombreuses questions qui s'y rattachent indispensablement.

ce palais, dont la construction n'aurait pourtant coûté que huit millions, d'après des devis acceptés comme bases de marché *à forfait* par les entrepreneurs.

Beaucoup de personnes ont conclu, comme la Commission, du grand effet à une grande dépense, parce qu'elles ont pris pour terme de comparaison les résultats ordinaires des anciens systèmes.

(*Note de l'auteur*).

1. Ce n'est pas condamner le système ogival que d'en augmenter les avantages et d'en faciliter l'exécution par l'extension du principe fondamental sur lequel il repose. Or, loin de négliger les ressources de l'*ossature*, je ne fais que leur donner une application plus large. La substitution de la fonte de fer à la pierre dans l'exécution de l'ossature, ne peut que faire valoir cette belle invention du moyen âge, en montrant que tous les perfectionnements modernes s'y rapportent admirablement. (*Note de l'auteur*).

2. La Commission oublie sans doute que, selon l'expression de Montaigne, la *vastité* est une des premières conditions des édifices religieux de notre civilisation; car elle ne voudrait pas méconnaître les grandes lois de l'esthétique, en conseillant de rejeter un des plus puissants effets de l'art monumental. Ce ne sont pas les moyens qui manquent pour exécuter des couvertures d'une grande étendue, et quand des besoins impérieux d'utilité l'exigent, on sait les employer, témoin nos gares de chemins de fer et les immenses salles d'exercice qui existent en Russie. Mais qui voudrait, pour les monuments religieux où l'art doit dominer, se priver de ces points intermédiaires qui, réduits à de faibles proportions, font l'office de *repoussoirs* et produisent une impression de grandeur et une magnificence de perspective, sans lesquels un intérieur est toujours d'un effet triste et mesquin? (*Note de l'auteur*).

Si nous avons opposé quelques objections de principe au point de départ des études de M. Boileau et quelques réserves au sujet du résultat de ces études, en somme, nous adoptons presque entièrement les honorables adhésions qui y ont été précédemment données. Sans y reconnaître entièrement avec Monseigneur de Paris *un nouveau genre d'architecture religieuse*, ou du moins avec M. Lenoir *le germe d'un nouveau développement de l'architecture*, nous y reconnaissons avec MM. Mérimée, de Lasteyrie et Raynaud *des idées neuves, originales, susceptibles d'applications plus ou moins nombreuses.*

Nous nous approprions surtout les termes mêmes d'un ancien collègue (M. Vitet) : « Quelles que doivent être dans l'avenir les applications de ce système, c'est toujours un « heureux effort que de l'avoir imaginé, et il est à désirer que le public puisse être mis à « même de juger la valeur et l'utilité de ces combinaisons. »

Enfin, en résumé et comme conclusion, sous le mérite des observations et des réserves exprimées dans le présent rapport, fidèles au précepte si bien et depuis longtemps posé par le Conseil : « Ne rien proscrire, ni ne rien prescrire, » et appelant de tous nos vœux une œuvre d'art qui soit véritablement de notre époque et de notre pays, nous pensons avec toutes les honorables personnes précitées « que les efforts et les études de M. Boileau « méritent la sérieuse attention de tous les amis des progrès de l'art et la bienveillante « attention de l'administration supérieure. »

Tel est l'avis que nous avons l'honneur de soumettre aux lumières et à la sagesse du Conseil.

Signé : BIET, DE GISORS, GOURLIER, rapporteur.

AVIS DU CONSEIL DES BATIMENTS CIVILS

SUR

UN NOUVEAU SYSTÈME D'ARCHITECTURE

PROPOSÉ PAR M. BOILEAU[1]

La Commission, en son rapport, sans donner son adhésion précise au système de construction proposé par M. Boileau, laisse cependant entrevoir que l'exécution pourrait lui être favorable ou tout au moins donner une idée précise de ses effets, ce que l'imperfection du modèle ne permet pas d'apprécier.

1. En reproduisant cet avis, je crois devoir faire observer qu'il a été rendu en l'absence de MM. Mérimée et Vitet, dont on a pu voir les adhésions plus haut. (*Note de l'auteur.*)

Le Conseil pense que sur cette question il doit avoir un avis plus prononcé. A cet effet, après avoir examiné avec attention les différents plans à diverses échelles présentés par l'auteur dans la vue de répondre à des circonstances variées, en avoir scruté et comparé les diverses parties, principalement sous les rapports de la solidité, de la convenance et de l'économie des dépenses, est d'avis :

1° A l'égard de la partie centrale de l'édifice qui fait l'objet capital du projet, que le dôme qui la surmonte ne serait pas assis avec sécurité sur les piliers isolés qui le supportent, et que son immense poussée ne serait pas suffisamment contrebutée par les voûtes basses qui sont à sa naissance et qui elles-mêmes ne reposent que sur une suite de piliers qui, contre l'usage ordinaire des constructions, vont en diminuant de force depuis le centre de l'édifice jusqu'à son entrée; de semblables combinaisons compromettraient certainement la stabilité de l'édifice.

2° A l'égard des voûtes rampantes sur les nefs que M. Boileau regarde comme étant la partie neuve de son projet, le Conseil ne peut voir dans cette innovation qu'une bizarrerie contraire à toutes les idées reçues qui consacrent le principe d'horizontalité pour les voûtes de cathédrales; une disposition si vicieuse ne pourrait produire que les plus déplorables effets.

3° Sous le rapport de la convenance, le plan de M. Boileau, malgré son apparente régularité, serait le moins propre, entre tous les plans connus jusqu'à présent, à recevoir commodément les localités accessoires indispensables au service du culte, comme sacristies, chapelles de catéchisme et autres que les besoins de notre époque exigent de placer dans l'enceinte même des édifices religieux;

4° Enfin, sous le rapport d'économie, le Conseil ne peut croire qu'un édifice si compliqué dans ses combinaisons, n'exige pas d'avoir recours à des moyens très-dispendieux pour son exécution, et surtout ne prépare pas pour l'avenir des frais considérables pour son entretien.

Par ces divers motifs, le Conseil considère que le système de construction imaginé par M. Boileau est vicieux dans son principe; il pense que l'art n'aurait rien à gagner à l'essai que la Commission propose d'en faire. En conséquence, il n'admet pas cette proposition et se borne à adresser à Monsieur le ministre le présent avis comme répondant aux demandes qui ont été faites sur le projet de M. Boileau.

Pour l'Inspecteur général,	L'Inspecteur général,
Secrétaire,	Vice-président,
Signé : BIET.	Signé : A. CARISTIE.

Je laisse aux personnes qui comprennent la dignité, la faculté de se prononcer sur cet avis.

Certes, le mauvais vouloir aurait pu se montrer plus habile.

La portée de cet avis est facile à déterminer.

Dans le premier article, on s'arrange de manière à laisser croire qu'on réprouve tout le système, en en critiquant une partie qui ne se trouve que dans un seul projet, et qui n'a été l'objet d'aucune objection partout ailleurs.

Dans le second article, on invoque les vieux préjugés et les répugnances personnelles contre un résultat qui n'a été obtenu qu'en se débarrassant de ces entraves de l'esprit d'innovation.

Dans le troisième article, on fait preuve tout simplement d'inattention.

Dans le quatrième article, on se contente d'émettre des doutes, sans se donner la peine de fournir la moindre preuve appuyée sur des chiffres.

Enfin, pour couronner le tout, on glisse des mots malsonnants dans la conclusion, et on se flatte d'avoir éclairé le ministre.

Est-ce sérieux? Sont-ce là des raisons suffisantes pour mettre à néant, non pas seulement mon travail, mais encore le rapport de la Commission et les avis favorables de juges très-compétents?

APERÇU GÉNÉRAL

DE

L'OUVRAGE INÉDIT DE M. BOILEAU

PAR M. H. FEUGUERAY

Notre siècle est en train de refaire la théorie et l'histoire de l'art, deux choses plus intimement liées qu'on ne le croit communément.

Jusqu'à nous, dans la théorie philosophique la plus élevée, celle qui est encore le plus généralement reçue, l'art a été considéré comme l'expression d'un sentiment naturel à l'homme, d'un sentiment du beau, qui se retrouverait le même au fond de toutes les âmes, et qui serait resté identique dans tous les temps. Il y aurait ainsi comme une vague idéalité de la forme que chacun porterait en soi et qui serait la règle de ses jugements. Telle est la prétention de la théorie. Mais en fait, comme dans l'humanité les sentiments varient autant que les idées et les mœurs, comme les règles de ce qu'on appelle le beau manquent de toute fixité, l'art dans ce système devient chose purement individuelle, dont chacun est juge en dernier ressort et qui n'a plus d'autre loi que le goût. Il est évident, d'ailleurs, qu'à ce point de vue, les développements et l'histoire de l'art doivent être considérés comme à peu près étrangers aux transformations des sociétés humaines, conclusion que les connaissances actuelles rendent inadmissible.

A cette théorie, dont les origines sont évidemment platoniciennes, la philosophie de notre époque tend à substituer d'autres données plus précises et plus fécondes.

Aujourd'hui l'art apparaît surtout pour nous comme l'expression des croyances et des doctrines, qu'il tire de la calme et froide région des idées pures, pour les transporter dans la sphère plus agitée où règne le sentiment. A la notion perçue par l'intelligence, vient ainsi se joindre une émotion sympathique dont le siége est dans notre être physique. L'homme alors, non-seulement connaît, mais de plus, il aime ou il hait; son cœur s'émeut, la passion s'éveille en lui et sa force est doublée. Toute cette marche du sentiment, qui naît à l'appel de l'esprit et qui retentit jusqu'au fond de l'organisme, a été étudiée et suivie à la fois par les philosophes et les physiologistes. Elle explique comment les idées deviennent des passions, comment les sentiments se transmettent et se propagent, comment l'homme tout entier, dans sa dualité permanente, entre en jeu et se développe, sous l'action de la force artistique, comme un germe se vivifie sous l'action de la chaleur. Tous nous sommes plus ou moins accessibles à ces influences; il n'est pas d'intelligence, si dégagée des sens qu'elle puisse être, qui s'en affranchisse complétement; et malheur à elle si elle le faisait! car l'homme dépouillé du sentiment n'est plus qu'un être incomplet, mutilé, qui n'a rien gagné d'un côté que pour perdre davantage de l'autre. Mais c'est surtout au sein des masses, là où l'instruction fait défaut, où l'intelligence se repose, mais où le cœur s'abandonne, par suite, à ses impressions avec plus de naïveté et de simplicité; c'est là que l'art exerce une domination presque absolue, aussi redoutable pour le mal que féconde pour le bien; c'est là qu'il règne. L'art, le grand art, celui qui a été connu et pratiqué dans toutes les époques capitales de l'humanité, est surtout fait pour le peuple; il est le plus puissant moyen de l'éducation populaire, et à ce titre il intéresse éminemment le législateur, comme, étudié dans ses moyens d'action, il intéresse le physiologiste.

Tout ce que nous venons de dire s'applique à l'art en général, et peut spécialement s'appliquer à l'architecture, à l'architecture religieuse surtout, qui, s'adressant nécessairement au peuple, a toujours un caractère éminemment social, qui est si propre à inspirer à l'homme les sentiments les plus élevés, et qui, en s'aidant des autres arts comme de ses auxiliaires, les groupe autour d'elle et s'en fait un cortége dont elle est le centre et le lien.

Au point de vue où nous nous plaçons, l'importance de l'architecture apparaît donc tout entière; en outre, à ce point de vue, on doit comprendre aussi pourquoi et comment l'art monumental a toujours été l'expression, la traduction sentimentale des civilisations dont il était le produit, de sorte que l'histoire de cet art, prise dans sa généralité, est le reflet de l'histoire de l'humanité.

Nous n'avons ici considéré l'architecture que par son côté spirituel, si je puis dire ainsi, par celui de l'idée et du sentiment; il y a un autre élément dont il faudrait tenir compte, un élément matériel, celui de la construction. Personne ne peut douter que les progrès de la science, en offrant aux hommes des moyens de plus en plus puissants et de plus en plus parfaits, n'ouvrent à l'art monumental une immense source de développements. C'est par là qu'il répond de mieux en mieux aux besoins et aux nécessités de la civilisation. Pourtant il est très-remarquable, et c'est tout ce que je puis noter ici, que le progrès de l'art de bâtir ne s'est pas opéré à part, indépendamment de celui du sentiment et sous la seule influence de la science. Au contraire, c'est toujours le sentiment qui a pris les devants, qui a eu l'initiative; ce n'est pas la science qui a frayé de nouvelles voies à l'art, c'est l'art qui, pour se créer des moyens d'expression, a interrogé la science et lui a demandé les solutions dont il avait besoin.

Telle est, dans sa plus vaste généralité, la théorie de l'art monumental que les écoles modernes tendent généralement à adopter et qu'elles ont tracée avec plus ou moins de précision et d'exactitude. L'histoire confirme pleinement ces données.

A chaque grande civilisation, en effet, a toujours correspondu une grande synthèse d'art, qui s'est étendue partout où se sont propagés les principes moraux et religieux de la société dont elle était l'expression. Cette synthèse, on le comprend, n'est pas du tout un type arrêté, fixe, qui se reproduise partout dans un moule uniforme; loin de là : c'est une donnée générale dont l'essence seule reste constante, mais qui, selon les lieux et les temps, varie assez dans son aspect et ses formes pour que l'observateur ait peine à saisir la parenté des monuments qu'il étudie; comme dans les classifications d'histoire naturelle on n'aperçoit souvent pas d'abord l'analogie qui unit plusieurs espèces d'une même famille. La synthèse générale engendre donc des styles particuliers, ou plutôt des *systèmes* d'art, pour adopter la terminologie de M. Boileau, qui dépendent des modifications que les sociétés éprouvent; qui tantôt répondent aux différences des nationalités, et tantôt aux différences des époques, et sur lesquelles influe aussi considérablement le point de développement où est arrivé l'art de bâtir. Puis, sous des influences analogues, chaque système à son tour engendre des écoles secondaires, des *styles* proprement dits, dont chacun a ses périodes de développement et de décadence, jusqu'à ce qu'en descendant toujours cette échelle logique, on en arrive à ces détails purement individuels où se révèle et se joue le génie personnel de l'artiste.

Nous venons de tracer l'histoire philosophique, l'histoire abstraite d'une synthèse d'art. Quant au lien qui unit les synthèses entre elles, c'est évidemment celui d'une ligne ascendante et progressive. Tout dans la création croît et progresse, et à mesure que se fait l'éducation humaine, l'art, qui est une des plus grandes puissances de notre nature, croît et s'élève avec la science et la morale.

Nous n'avons pas ici la place suffisante pour suivre avec quelques détails les progrès (même les plus généraux) de l'art. Qu'il nous soit permis seulement d'en rappeler les grandes synthèses, qui d'ailleurs ont été très-peu nombreuses. De même qu'en étudiant les grands types de civilisation, on peut les ramener tous à trois principaux; de même on peut ramener les trois synthèses d'art à trois types correspondants.

D'abord se présente la société barbare, ou patriarcale, qui n'est fondée que sur la parenté, quand la tribu seule existe, quand la nation n'est pas encore née. Beaucoup d'exemplaires de cette forme sociale primitive existent encore sur notre globe. Alors la religion est surtout une expiation et un sacrifice; souvent elle dégénère en superstitions sanglantes : le meurtre de l'homme devient un hommage à Dieu. La forme permanente de l'art dans les sociétés de cette espèce est l'autel du sacrifice, — autel massif, solitaire, qui n'offre ni abri, ni enceinte, mais rien qu'un amas de pierres ou de terre s'élevant avec plus ou moins de masse sur le sol : c'est le tumulus, c'est la pierre levée, c'est le dolmen, c'est la pyramide.

Dans l'âge suivant, quand les tribus se sont unies, quand les nations se sont formées, quand la religion s'est adoucie et épurée, quand en même temps la science humaine a grandi, alors commencent les temples fermés, couverts, entourés d'enceintes successives, dont un sanctuaire occupe le centre. C'est surtout dans l'Inde et dans l'Égypte, c'est-à-dire dans les sociétés à castes, que se retrouve ce type de l'art auquel se rattachent aussi les temples grecs et romains qui en sont à la fois un amoindrissement et un perfectionnement, comme la société gréco-romaine elle-même était à la fois une déviation et un progrès à l'égard des sociétés orientales où elle avait puisé sa sève civilisatrice.

Enfin vient le christianisme, et avec lui une nouvelle synthèse d'art, qui s'essaie d'abord au milieu de l'héritage de l'art païen, qui se fonde et se dessine dans les systèmes de l'art latin et de l'art byzantin, qui rompt avec le passé dans le système roman et qui s'élève plus haut encore dans le système ogival, qu'on considère avec raison comme l'apogée où elle soit jusqu'à présent parvenue.

C'est alors aussi que dans l'art de bâtir furent réalisés des progrès qui depuis n'ont pas été dépassés. Déjà la supériorité des temples païens sur les autels du premier âge était évidente ; mais dans ces temples on n'employait encore en général que la ligne horizontale et l'angle droit. La voûte en plein cintre, qui se rencontre dans les monuments romains, ne se vulgarisa pourtant que dans la première architecture chrétienne à laquelle nous devons aussi la coupole. L'ogive enfin, les voûtes à arêtes, toute cette *ossature* qui fait reposer l'édifice entier sur quelques points d'appui, l'économie de matériaux qui en résulte, l'élévation des monuments, la hardiesse des flèches, l'élégance et la variété des détails, tout atteste, dans les constructions du moyen âge, une supériorité que les meilleurs praticiens se sont, en effet, accordés à reconnaître.

Pourtant, arrivé à ce terme, on ne pouvait pas dire que la synthèse chrétienne fût complète et achevée. Une raison bien simple suffira à le prouver, c'est qu'on a fait autre chose. Certes, si l'art ogival eût suffi à tous les besoins des populations, on l'eût conservé. Mais, au XVIe siècle, comme dans tous les autres siècles, comme il en a toujours été et comme il en sera toujours, il y avait place pour un nouveau terme de développement dans l'art. Malheureusement, à cette époque le fil de la logique humaine fut rompu ; un retour passionné aux écoles et aux idées de l'antiquité dérouta les esprits ; la renaissance vint engouer les hommes pour le grec et pour le romain ; on fonda la théorie du beau, et ce fut l'art grec qu'on appela le beau. Ainsi furent délaissées, dans l'art, les traditions chrétiennes ; nos artistes se firent les copistes du passé païen, et les plus admirables travaux du moyen âge n'inspirèrent plus bientôt qu'un dédain qui s'est perpétué jusqu'au commencement de ce siècle.

Aujourd'hui nous sommes revenus à une appréciation plus intelligente et plus juste des monuments de l'art ; le système ogival a reconquis la faveur publique ; on l'a étudié, on l'a compris et partout on commence à le reproduire. L'archéologie est ainsi devenue la maîtresse de l'art. Mais doit-elle conserver longtemps cette domination ? L'art doit-il, au XIXe siècle, se borner à répéter les œuvres du XIIIe ? Il faudrait, pour le soutenir, tout l'aveuglement d'un érudit. Évidemment, l'art ogival, qu'il est excellent d'étudier, dont il faut partir comme d'un degré où l'on s'appuie pour monter plus haut, ne saurait suffire à notre siècle, même pour les monuments purement religieux. Notre goût, nos penchants, nos besoins, ne sont plus ceux du moyen âge ; le culte lui-même, pour s'adapter à nos idées et à notre nature d'esprit, doit éprouver des modifications analogues à celles qu'il a déjà éprouvées tant de fois ; enfin, les progrès des arts mécaniques et industriels permettent certainement de faire plus et mieux aujourd'hui qu'il y a six siècles. Donc, en dépit des archéologues comme en dépit des copistes de toutes les écoles, il y a lieu aujourd'hui, il y a nécessité, il y a urgence de donner aux sentiments et aux besoins de notre époque, par l'invention d'une forme architecturale nouvelle, une satisfaction à laquelle le XIXᵉ siècle a droit.

Telle est la conclusion d'une déduction logique que le lecteur, sans doute, aura trouvée trop longue. Nous aurions voulu l'abréger; mais nous n'avons pu nous dispenser d'en suivre toute la filière, parce que seule elle permet de bien comprendre et d'apprécier la tentative de M. Boileau.

Le raisonnement que nous avons suivi, en effet, c'est le sien: la conclusion à laquelle nous sommes arrivés, c'est la sienne; les quelques pages que nous venons d'écrire sont l'analyse brève, sèche, décolorée, mais exacte, de l'exposé des lois et de l'histoire de l'art, qu'il a tracée, avec pièces et preuves à l'appui, dans un ouvrage volumineux, encore manuscrit, dont nous remercions l'auteur de nous avoir donné communication.

Mais M. Boileau ne s'en est pas borné là; il n'est pas seulement un savant qui n'ait pour but que de faire des théories; la sienne, pour lui, est un moyen de la pratique. Toute cette histoire de l'art, en effet, qu'il a si consciencieusement étudiée; tout ce travail logique qu'il a poursuivi avec tant de soin, ne sont que les préliminaires et la justification d'une nouvelle forme architecturale, qu'il a trouvée, que son livre a pour but principal de légitimer et qu'il offre au jugement du public comme la réalisation de ce progrès nouveau que l'art exige.

Cette invention, c'est le but définitif de tous les travaux de M. Boileau, c'est l'œuvre à laquelle il tient surtout, comme à sa création.

Pour mettre le public à même de mieux juger cette nouvelle forme architecturale, et en attendant qu'il ait la possibilité de l'appliquer à une construction, M. Boileau a exécuté lui-même un modèle en petit, une maquette en bois, à l'échelle de cinq millimètres pour mètre, d'un grand monument religieux, dans le style et suivant les règles de construction qu'il propose. C'est une vue de cette maquette, prise au daguerréotype, qui se trouve jointe ici.

Cette vue peut donner une idée assez exacte de l'effet que produirait un monument semblable; mais elle ne saurait bien faire apprécier la nouveauté et les inventions heureuses, particulièrement sous le rapport de la construction, que présente l'œuvre de M. Boileau. Pour en bien saisir tout le mérite, on peut consulter un juge plus compétent que moi, l'un des juges les plus compétents que nous ayons en France, le modeste et savant M. Albert Lenoir, qui, après avoir longuement étudié l'invention de M. Boileau, et avec cette bienveillance que les hommes supérieurs accordent toujours aux choses nouvelles, en a tracé une description raisonnée dans un mémoire qui a obtenu l'approbation et l'adhésion de plusieurs hommes aussi distingués par leurs connaissances spéciales que par l'élévation de leur esprit et la notoriété de leurs talents.

Ce mémoire précède, j'y renvoie le lecteur.

H. FEUGUERAY.

Paris, le 25 août 1851.

EXTRAIT

DE

L'OUVRAGE INÉDIT

Auquel l'aperçu qu'on vient de lire est consacré [1]

INTRODUCTION

Depuis le XVIe siècle, époque à laquelle le développement de l'art, essentiellement chrétien des nations modernes, fut brusquement interrompu en France par cette reprise de l'art antique du paganisme, qu'on a nommée *renaissance*, les principales époques de notre histoire furent encore marquées, jusqu'au commencement de notre siècle, par des combinaisons particulières de la forme antique. Le génie qui avait enfanté les variétés progressives de l'art chrétien, quoique déchu de son principe d'inspiration, produisit cependant divers modes de composition et d'exécution inconnus aux anciens, et qui à tort ou à raison, ont été considérés comme autant de styles caractéristiques.

Il y eut le style de François Ier, de Louis XIII, de Louis XIV, etc., etc. Le dernier de ces modes de la renaissance, ou, si l'on veut, le dernier de ces styles, est celui qui porte le nom de l'Empire, sous lequel il fut particulièrement appliqué. Après avoir épuisé ses dernières ressources dans les productions glaciales de cette époque, l'art, convaincu d'impuissance par ses œuvres, subit un temps d'arrêt. Désormais, dépouillé du feu sacré, il ne tarda pas à venir cacher sa nudité dans le sanctuaire de la science. Les exécutants de l'art cessèrent dès lors d'être réellement des artistes, pour devenir des demi-savants, marchant à la suite des antiquaires et des archéologues. Il y a près d'un demi-siècle qu'ils sont réduits à cette décourageante alternative de faire, ou des imitations serviles des différents styles historiques, ou de ces amalgames éclectiques qui n'aboutissent en réalité qu'à une sorte de syncrétisme artistique. En fait d'art, comme en fait de monuments, notre époque, par une anomalie peu commune dans les fastes de la civilisation, n'a pas de style qui lui soit propre.

Il n'est personne qui ne soit frappé de cette impuissance de l'art monumental, au milieu du XIXe siècle. Plusieurs publicistes en ont recherché les causes ; quelques savants

1. Voir le plan de l'ouvrage, à la fin.

ont, en s'occupant de généralités philosophiques, constaté le vide anormal qui se fait sentir dans la sphère des beaux-arts et indiqué les moyens de le combler; mais aucun auteur spécial n'a, que je sache, trouvé le véritable moyen de vivifier de nouveau cette branche de l'activité humaine; aucun praticien n'a fait à l'art l'application des lois du progrès, qui seules peuvent le mettre en état de fournir une nouvelle carrière.

Ce n'est pas, cependant, que les appels aux inventeurs aient manqué; car, non-seulement l'opinion publique et les hommes qui font autorité en cette matière, ont stimulé l'imagination des artistes; mais encore les corps constitués pour veiller au dépôt de l'enseignement des beaux-arts, dérogeant à leurs principes exclusifs, ont reconnu que le moment était arrivé de secouer le joug de l'imitation servile, en fondant un art qui fût l'expression du temps où nous vivons.

Dès 1840, le comité des arts et monuments historiques, près le ministère de l'instruction publique, composé en grande partie des fondateurs et des propagateurs de l'archéologie chrétienne, ayant à examiner comment on doit bâtir les églises aujourd'hui, s'exprime ainsi : « En ce moment, si la France était en possession d'une nouvelle architecture, « d'un art qui ne fût ni une copie, ni une imitation d'un art étranger ou d'un art épuisé; « si un architecte de génie se montrait avec une forme nouvelle, la question se trancherait de soi. Il faudrait embrasser cet art, il faudrait laisser faire et favoriser cet architecte; mais, comme nous n'avons encore rien de nouveau à donner, force est bien de « remonter dans le passé et d'y prendre l'art ancien qui conviendrait le mieux à l'art « moderne [1]. »

Un peu plus tard (en 1846), la section des beaux-arts de l'Académie française, voulant, de son côté, tenter un dernier effort dans le but d'empêcher l'adoption de l'art du moyen âge pour les monuments religieux, disait, par l'organe de M. Raoul-Rochette, son secrétaire perpétuel :

« Si ces considérations (sur la question de savoir s'il est convenable, au XIXe siècle, « de bâtir des églises en style gothique) sont fondées, et elles ont paru telles à l'Académie, elles s'appliquent naturellement à l'abus, que l'on a reproché à l'art moderne, de « faire de l'architecture grecque et romaine dans la construction de nos églises; car cet « abus, s'il existe en effet, n'est pas moins condamné par l'esprit du christianisme que « par le sentiment de l'art, et l'Académie n'est pas plus d'avis que l'on refasse le Parthénon que la Sainte-Chapelle. Les monuments qui appartiennent à tout un système de « croyance, de civilisation et d'art, qui a fourni sa carrière et accompli sa destinée, doivent rester ce qu'ils sont, l'expression d'une société détruite, un objet d'étude et de « respect, suivant ce qu'ils ont en eux-mêmes de mérite propre ou d'intérêt national, et « non un objet d'imitation servile ou de contrefaçon impuissante. Ressusciter un art « qui a cessé d'exister parce qu'il n'avait plus sa raison d'être dans les conditions sociales « où il se trouvait, c'est tenter un effort impossible, c'est lutter vainement contre la force « des choses; c'est méconnaître la nature de la société, qui tend sans cesse au progrès

1. *Bulletin* du Comité historique des arts et monuments, deuxième numéro, 1840.

« par le changement ; c'est résister au dessein même de la Providence, qui, en créant « l'homme libre et intelligent, n'a pas voulu que son génie restât éternellement station- « naire, et captif dans une forme déterminée ; et cette vérité s'applique aussi bien au « grec qu'au gothique ; car il n'est pas plus possible à l'esprit humain, dans le temps où « nous sommes, de revenir au siècle de Périclès et d'Auguste, que de reculer à celui de « saint Louis. . . . .

« En résumé, il n'y a, pour les arts, comme pour les sociétés, qu'un moyen naturel et « légitime de se produire ; c'est d'être de leur temps ; c'est de vivre des idées de leur « siècle ; c'est de s'approprier tous les éléments de la civilisation qui se trouvent à leur « portée ; c'est de créer des œuvres qui leur soient propres, en recueillant dans le passé, « en choisissant dans le présent tout ce qui peut servir à leur usage. . . . .

« . . . S'il devait en être autrement, il faudrait effacer de l'esprit et de la langue des « peuples modernes, le mot de renaissance et l'idée qui s'y rattache ; il faudrait déclarer « non avenus tous les progrès accomplis, et tous ceux qui restent encore à s'opérer, il « faudrait immobiliser le présent et jusqu'à l'avenir dans les traditions du passé [1]. »

Ces citations, dont je n'ai pas à discuter les termes quant à présent, sont suffisamment explicites dans le sens que nous y cherchons ; elles tirent, en outre, une autorité irrécusable et un cachet d'impartialité de leur réunion ; car elles émanent des deux camps opposés. On peut donc les considérer comme le résumé officiel des ardentes aspirations vers une phase nouvelle de l'art, qui se sont manifestées sous toutes les formes depuis plus de vingt-cinq ans.

Pour les compléter, je choisirai, parmi les paroles d'encouragement adressées aux artistes par les bouches éloquentes de toutes les écoles, celles d'un de nos écrivains les plus distingués, parce que ces paroles acquièrent une valeur toute particulière des circonstances qui les ont dictées et de l'auditoire devant lequel elles ont été prononcées.

Appelé, en 1847, à partager l'honneur de diriger cette *célèbre Société française des monuments*, qui, sous l'impulsion du savant et modeste M. de Caumont, a inauguré

1. Manifeste de l'Académie royale des Beaux-Arts, intitulé : *Considérations sur la question de savoir s'il est convenable, au* XIXe *siècle, de bâtir des églises en style gothique*; 1846, inséré dans les *Annales Archéologiques* de la même année.

Si l'on en croit M. Gourlier, le *Conseil des bâtiments civils*, qui compte plusieurs membres de l'Académie d'architecture dans son sein, consulté à différentes reprises sur plusieurs projets de constructions neuves conçues dans le style du moyen âge, se serait fait l'écho du manifeste de M. Raoul-Rochette, de la manière suivante :

« Le Conseil, en reconnaissant hautement le mérite incontestable des édifices de cette époque, et sans *rien* « *proscrire ni rien prescrire* relativement au style même, a insisté fortement sur les inconvénients de toute « imitation servile, à quelque genre d'architecture qu'elle se rattachât, et sur la nécessité, tout en s'inspirant « des beaux exemples que les différents siècles nous ont laissés, d'adopter les dispositions les mieux appro- « priées à notre climat, à nos matériaux ainsi qu'aux besoins et aux habitudes de notre époque, seul moyen « qui puisse conduire à un véritable progrès et au but vers lequel on doit toujours tendre : *une œuvre d'ar-* « *chitecture qui soit véritablement de notre temps, de notre pays*. (Voir, *Notice historique sur le ser-* « *vice des travaux des bâtiments civils*, par M. Gourlier, architecte. Paris, 1848.)

l'avénement de l'archéologie nationale en France [1], M. Ludovic Vitet, après avoir montré la distinction qu'il faut établir entre l'art et l'archéologie, sous peine de faire de celle-ci une entrave pour celui-là, parlait ainsi le langage de la vérité à l'aréopage de la science archéologique. « Jamais, disait-il, dans ce monde, l'art ne s'est produit deux fois dans la « même forme, ou bien la seconde fois, ce n'était que du métier... » « L'archéologie du « moyen âge (et toutes les autres), ajoutait-il, sera d'autant plus prospère, elle obtiendra « d'autant plus de respect et de crédit, qu'elle ne se mêlera que de ce qui la regarde. » Puis cet esprit élevé, ouvrant les voies de l'avenir de l'art dont il venait de signaler les écueils, s'écriait aussitôt : « Honneur à ceux qui, même aujourd'hui, ne désespéreront pas d'in- « venter une architecture nouvelle, c'est-à-dire une combinaison de lignes et un système « d'ornementation qui n'appartiennent qu'à notre époque et qui en perpétuent le sou- « venir [2]. »

Les différentes exhortations qu'on vient de lire ne sont, du reste, que le retentissement final d'une voix qui commençait à s'élever, dès le XVIIe siècle.

En pleine *renaissance*, quand l'art décoratif, marqué d'un certain cachet de grandeur, n'était pas autant dénué d'originalité qu'il l'a été depuis, on eut des velléités d'invention artistique. Un auteur nous apprend que Louis XIV avait même offert un prix dans l'intention de provoquer une découverte de cette nature. Il paraît qu'il ne s'agissait pas moins que d'inventer de nouveaux ordres d'architecture, et le même auteur ajoute que personne n'y parvint ; ce qui n'a pas lieu de nous étonner, eu égard à la singularité de la prétention [3]. Quoi qu'il en soit, ce fait indique que la contradiction et l'insuffisance qui résultent de l'emploi de la forme antique au milieu d'une société chrétienne, étaient déjà senties au temps où l'école classique s'enorgueillissait à juste titre de compter à la fois dans ses rangs des architectes tels que Perrault et Mansard, et des poëtes tels que Corneille, Racine et autres.

Je ne m'étendrai pas davantage sur la soif ardente de progrès qui tourmente l'activité sentimentale de notre époque ; il n'est aucun de nous qui n'ait eu l'occasion de l'observer chez autrui, s'il ne l'a pas éprouvée lui-même. Déjà quelques tentatives ont été faites,

1. M. de Caumont a publié, en 1824, un mémoire intitulé : *Essai sur l'architecture religieuse du moyen âge*, qu'on peut considérer comme le point de départ des publications qui ont été faites depuis sur ce sujet. Le cours oral *sur les antiquités monumentales* qu'il a professé à Caen, a été commencé en 1830. Ce fut le premier essai d'un enseignement public de l'archéologie et de l'art chrétien.

2. Pour ce discours de M. Vitet, voir le *Bulletin de la Société française des monuments* (année 1847) ; la *Revue des Deux Mondes*, numéro du 15 août, même année ; et la *Revue de l'architecture et des travaux publics*, dirigée par M. César Daly.

3. Toussaint, *Mémento des architectes, ingénieurs*, etc., tome III, page 484.

La critique que cet auteur fait des résultats de cet essai, peut s'appliquer à toutes les velléités semblables qui se sont produites depuis. « Personne n'a réussi, dit-il, les novateurs n'ayant rien trouvé de mieux que « de changer quelques moulures aux ordres déjà existants, et un chapiteau misérable, qui rappelait grotes- « quement le chapiteau dit *composite*, auquel ils avaient ajouté quelques fleurs de lys ; motif puéril pour « lequel on l'a appelé pompeusement *ordre français*. Mais la raison fit bientôt justice de tous ces malheureux « essais, dépourvus de pensée, d'invention et d'harmonie ; et bientôt on n'en parla plus. »

Louis XIV fit insérer le programme de ce prix dans *la Gazette*. Voir, Recueil des gazettes nouvelles, page 1100 (14 novembre 1671).

pour mettre fin au malaise des imaginations impatientes de secouer le joug du passé ; mais elles sont restées sans résultat, faute d'un guide sûr. Jusqu'ici, le problème à résoudre n'a même pas été convenablement posé, parce que le but à atteindre n'a pas été clairement aperçu. Les théories erronées, enseignées sur l'art depuis la *renaissance*, ont fait dévier de la route à suivre et masqué le véritable point de départ. A force de considérer la reprise de l'art gréco-romain comme une invention capitale, on a interverti l'ordre des termes de la progression artistique. En continuant à prendre un accident anormal pour une application de la règle, on a perdu le fil de l'enchaînement logique qui peut seul guider dans la recherche des termes nouveaux de cette progression.

Cet abandon de la tradition, joint aux fausses notions qu'on a généralement de l'art monumental, explique le peu de résultats des efforts qui ont été tentés dans cette voie, depuis bien des années, au nom du caprice et de la fantaisie. Pour avoir obscurci la doctrine du progrès chrétien avec des maximes entachées du fatalisme des doctrines antiques, les artistes ont vu leurs conceptions frappées de stérilité. L'absence de méthode a paralysé les plus belles intelligences; l'inanité de certaines théories a glacé les imaginations les plus vives.

Pourrait-il en être autrement avec le vide de l'enseignement actuel des beaux-arts et les préjugés qui sont restés attachés à la tradition dans cette branche des connaissances humaines, évidemment très-arriérée par rapport aux autres? Il suffit d'établir une comparaison pour être fixé à cet égard. En effet, tandis que la science moderne, définitivement basée sur des méthodes rationnelles et fécondes, ouverte aux hypothèses ingénieuses qui en reculent incessamment les limites, est devenue aussi positive qu'active, selon le désir de Bacon; tandis que l'industrie, dotée par elle de puissants moyens d'action, enfante chaque jour de nouveaux prodiges, grâce aux études sérieuses dont elle est sans cesse l'objet; l'art, refoulé dans l'impasse de l'antiquité, arrêté court dans sa marche ascendante, n'a pour tout guide que les assertions des temps de déchéance de la faculté d'expression [1], et pour tout moyen d'inspiration que les lieux communs des *faiseurs* à la mode. — Tandis que, pour les sciences et les arts mécaniques, on a des histoires bien remplies et des annales assez complètes; pour les beaux-arts, on n'a même pas en quantité suffisante les matériaux indispensables à la formation de ces deux prodromes de toute connaissance [2], et les lacunes de la partie didactique de la tradition, plus sensibles dans les arts du dessin que dans la musique et la littérature poétique, le sont plus encore dans l'architecture que dans la sculpture et la peinture.

1. On verra dans le cours de cet ouvrage que, parmi les époques auxquelles je fais ici allusion, il en est qu'une fausse manière de voir a fait regarder à tort comme marquant les points culminants de l'art. Je citerai en exemple, par anticipation, l'époque dite la *renaissance* qui, en réalité, marque plutôt le commencement d'un temps d'études archéologiques, que la suite d'une ère de créations monumentales.

2. On sait que les rares explorations faites par les Européens des innombrables et gigantesques monuments de l'antiquité hindoue, nous laissent encore ignorer une foule de choses utiles à connaître, concernant l'art monumental des bords du Gange et de l'Indus. Il en est de même à l'égard des monuments antiques de l'Amérique, de la Polynésie et de plusieurs autres contrées où il existe encore des vestiges curieux des civilisations primitives.

L'art monumental, deshérité entre tous, loin d'avancer dans la direction que le christianisme lui avait imprimée, a rétrogradé au point d'accepter le joug d'une théorie renouvelée des Grecs. Il est encore enserré dans les liens de cette mythologie de convention que l'époque de François Ier a mise au-dessus de la poésie évangélique. Qu'on ouvre le premier venu des livres édités à l'usage des artistes qui s'adonnent aux arts plastiques, on y trouvera invariablement cette fable, d'après laquelle l'architecture monumentale tire son origine de la construction en bois de la cabane des Grecs primitifs; et ce conte qui fait naître la sculpture d'une silhouette que la fille de Dubitade, désireuse de conserver les traits chéris de son amant, aurait tracée sur le mur pendant son sommeil, et sur laquelle son père, ouvrier potier, aurait appliqué un certain relief en terre. On y verra aussi que l'ordre dorique a été composé d'après les proportions du corps de l'homme; l'ordre ionique d'après celles du corps de la femme, et l'ordre corinthien à l'imitation des formes d'une jeune fille; qu'une feuille d'acanthe, venue par hasard contre une corbeille et sous une tuile, a fait naître l'idée d'appliquer une ornementation de feuillages sur les chapiteaux, etc....., et plusieurs autres billevesées semblables [1]. Et dire qu'il a suffi que Vitruve, Pline ou toute autorité du même poids en fait de philosophie des beaux-arts, ait avancé ces affirmations hasardées; que Vignole et consorts les aient recueillies, que la coterie des plagiaires de l'auteur des règles *des cinq ordres d'architecture* les ait répétées à l'envi, pour que les artistes contemporains de ces savants qui refondaient la physique et la chimie, reconstruisaient les fossiles et centuplaient les forces motrices de l'industrie par la prise de possession de la vapeur, les aient acceptées sans contrôle! Il nous est bien permis d'exhaler ici ces regrets au nom des artistes de notre génération; car il n'est aucun d'eux qui n'ait été berné dans sa jeunesse des sornettes obligées de l'enseignement vulgaire, public ou privé, des beaux-arts [2], et qui n'ait souffert des conséquences déplorables dues à l'abandon des bonnes traditions.

Pour n'envisager en ce moment que la question d'unité, n'est-ce pas par suite de ces écarts que nous avons vu les deux parties de l'art monumental qui devraient constam-

1. Voyez entre autres le commentaire de Vignole intitulé : *Cours d'architecture*. L. Paris, 1691, par le sieur Daviler. — Cet ouvrage, publié sous Louis XIV et dédié au marquis de Louvois par un architecte qui faisait autorité, offre un résumé de toutes les puérilités admises par l'école classique. En traitant des portes et fenêtres, l'auteur va jusqu'à invoquer, à l'appui des règles qu'il propose, le rapport que Scamozzi établit entre ces ouvertures des édifices et celles de la bouche et des yeux dans la face humaine.

2. C'est de l'enseignement des beaux-arts, pris dans son ensemble, que j'entends parler. Considéré à ce point de vue, il comprend les notions répandues par la voie de la presse, les instructions théoriques et pratiques que les artistes reçoivent dans les ateliers particuliers des différents maîtres, et les connaissances qu'ils peuvent puiser dans les établissements publics du gouvernement, tels que l'Académie et l'École des Beaux-Arts. — On sait que ces derniers, où les études, depuis longtemps immobilisées dans les errements du passé, laissent les artistes sans direction impulsive et sans but progressif, n'ont plus, maintenant, qu'une action fort restreinte, et évidemment plus faible que celle qui est exercée par les publicistes des écoles, les critiques de la presse et les maîtres privés. Ces caractères distinctifs des époques de transition, l'individualisme et la divergence des vues et des manières qui règnent aujourd'hui dans l'art, dénotent suffisamment l'absence ou la négation de toute direction officielle venant de la tête du corps social, et capable d'imposer l'unité désirable.

ment marcher de front : l'expression sentimentale ou artistique et la science des constructions, cesser d'avoir aucun lien entre elles ? On conçoit, en effet, que les hommes doués du génie de l'architecture, rebutés de la stérilité de l'esthétique qui préside à la composition, se soient rabattus sur la mécanique de l'exécution, que la valeur croissante de la science pouvait encore féconder, et que l'art proprement dit ait été abandonné par eux pour la recherche du perfectionnement de la construction. L'ouvrage remarquable que le célèbre architecte Rondelet a consacré exclusivement à l'art de bâtir restera comme une preuve éclatante de l'amoindrissement que la nullité de l'enseignement des beaux-arts a infligé, dans ces derniers temps, aux hommes de la spécialité qui paraissaient appelés, par leurs qualités brillantes, à prendre l'initiative de la régénération de l'art monumental [1]. En présence d'une telle déperdition des forces vives du génie artistique, on ne saurait rester indifférent aux cris de détresse poussés par les fervents adeptes du système philosophique qui admet en principe la croissance des manifestations artistiques, ni rester neutre dans le débat qui s'est ouvert entre les partisans du passé quand même et les promoteurs de l'avenir.

Aujourd'hui l'impulsion est donnée, et le travail de préparation se fait avec une certaine activité. Depuis que les bons esprits se sont aperçus qu'il était impossible de tourner plus longtemps dans le cercle vicieux de l'imitation des formes adoptées sur un petit coin du globe et sous l'empire d'une doctrine diamétralement opposée à celle qui nous régit ; depuis qu'ils ont reconnu qu'il y avait autre chose à faire que d'intervertir l'ordre des feuilles d'un chapiteau, de modifier les proportions d'une colonne ou de rectifier le profil d'une corniche, on cherche sérieusement les moyens de s'affranchir des entraves qui s'opposent au développement de l'art monumental. Pour cela, on fouille les annales de toutes les civilisations, on interroge les monuments de toutes les époques, on accumule les matériaux, on émet des idées aussi hardies que neuves sur l'essence de l'art, et, ce qui paraît surtout de bon augure, on s'efforce de renouer le fil de la tradition artistique rompu, au XVIe siècle, par la réaction païenne [2]. Tout enfin révèle des tendances plus progressives, et un besoin bien senti de rénovation artistique.

Je me suis proposé de contribuer, dans la mesure de mes forces, à préparer la palingénésie de l'art, si impatiemment attendue, en essayant de replacer la question de l'invention architecturale sur son véritable terrain.

1. *Le Traité d'architecture* que M. Léonce Reynaud vient de publier fera époque sous ce rapport. Il a cela de très-remarquable, que les règles de la construction y sont exposées, conjointement avec celles de la décoration, de la manière la plus large.

2. Un de nos compatriotes, dont les travaux révèlent une vaste érudition et un grand nombre d'observations faites *de visu* sur les productions de l'art des différents peuples, M. Cyprien Robert, commence ainsi un ouvrage intitulé : « *Essai d'une philosophie de l'art, ou introduction à l'étude des monuments chrétiens,* » qui date de 1836 : « Vivement frappé des efforts qui se font par toute l'Europe, pour faire sortir de la fermen- « tation actuelle une rénovation de l'art, sentant que ce mouvement a quelque chose de réel, malgré ses « écarts, et qu'un souffle divin le pousse, je n'ai pu m'empêcher de l'approfondir. » Ce publiciste éminent a été conduit, par ses études, à reconnaître comme nous « qu'il n'y a de progès possible, dans l'art, que par « le christianisme, qui, étant le plus haut point de la passion divine, est aussi l'apogée de l'art. »

Les pages qu'on va lire sont le fruit de recherches auxquelles je me livre depuis nombre d'années, et dont les premiers résultats ont été consignés dans un opuscule publié en 1847[1]. Mon but est de définir quel est le degré d'avancement de l'art monumental, dans l'espoir de découvrir quel progrès il est susceptible de faire aujourd'hui. Pour y parvenir, je commencerai par établir en quoi consiste l'art proprement dit, et sur quels principes il repose; puis, à l'aide de l'histoire, je passerai en revue les développements successifs qui constituent chacun des termes de la progression dans cette spécialité de l'activité humaine; enfin le dernier degré de cette échelle ascendante étant connu, je chercherai à déterminer quel peut être, d'après la *raison* virtuellement contenue dans la gradation actuelle, le degré nouveau qu'on doit ajouter aux degrés anciens, pour continuer logiquement l'accroissement de la progression. Une fois arrivé à ce point, il ne me restera plus qu'à formuler l'invention dont toutes les conditions fondamentales seront posées. C'est alors que je proposerai un système de monument, que je regarde comme la seule application rationnelle que l'artiste puisse faire, de nos jours, des données historiques, esthétiques et pratiques fournies par la science philosophique du progrès.

Les obstacles dont il a été parlé plus haut, rendent ma tâche assez difficile, pour qu'il me soit permis de compter sur l'indulgence dont j'ai le plus grand besoin. Dans une entreprise du genre de celle-ci, il y a autant à déblayer qu'à édifier. D'un côté, pour atteindre à la réalité, on est obligé de se frayer une route à travers les fables et les préjugés; de l'autre, pour établir la succession logique des différentes phases de l'art, il y a autant d'erreurs enracinées à détruire que de vérités méconnues à faire accepter.

Avant de clore cette introduction, j'ai à faire un aveu, qui ne saurait me coûter et qui devra servir à me justifier du reproche de témérité que mon insuffisance pourrait m'attirer. Le sujet que j'ai à traiter comporte le concours mutuel et constant de deux ordres de connaissances bien tranchées : celles qui se rapportent à l'organisation humaine, aux facultés de l'âme, à l'histoire des événements accomplis, et aux lois qui président à leurs rapports; et celles qui ont trait à l'existence des œuvres d'art, à la valeur de la forme, en raison des temps et des lieux, aux procédés de l'exécution et aux principes de la construction.

Malgré la volonté qui m'anime, la profondeur des premières connaissances et l'étendue de leur cercle, m'auraient obligé de renoncer à mon projet, si je n'eusse été secouru par des penseurs de premier ordre, philosophes, physiologistes ou historiens, qui m'honorent de leur amitié au point de mettre leur savoir et leurs travaux entièrement à ma discrétion. On ne sera donc pas étonné de trouver, dans le cours de cet ouvrage, des passages entiers qui leur appartiennent[2]. Plus spécialement artiste et constructeur,

1. *De l'Art religieux et monumental, à propos de la restauration et de la construction d'églises gothiques dans les Vosges.* Nancy, Vagner, libraire-éditeur.

2. Outre la connaissance des principes généraux de l'art monumental, j'ai dû à feu Louis Piel, mon maître, d'être mis en rapport avec plusieurs hommes d'élite, dans l'intimité desquels il vivait et qu'unissait la volonté de travailler en commun à l'élaboration d'une science progressive et chrétienne. Les idées que ces écrivains communiquaient généreusement à ceux qui comme moi étaient avides d'en profiter, après avoir été esquissées d'abord dans le recueil intitulé l'*Européen*, ont ensuite fourni matière à des ouvrages spéciaux auxquels j'ai

n'ayant aucun droit au titre de docteur ès-sciences ou ès-lettres, je préfère laisser entendre la voix pleine d'autorité de ces maîtres, plutôt que de m'exposer à n'être qu'un écho affaibli de leurs paroles; c'est surtout dans les questions difficiles, qui touchent à la métaphysique, que j'userai largement de ces emprunts. Mon but étant, avant tout, une réalisation pratique, et non un étalage d'érudition encyclopédique, mes prétentions se bornent à déduire les conséquences des principes posés, sans aller jusqu'à la conception première du point de départ. Simple ordonnateur des matériaux amassés par mes devanciers, je viens poser les pierres toutes taillées de l'édifice nouveau. Que l'invention préparée par plusieurs, et que je dois formuler seul, soit une des marques de la suprématie de notre belle France, à laquelle Dieu a accordé l'initiative des idées, en récompense de son dévouement séculaire à la cause du progrès, — et le plus ardent de mes vœux sera exaucé!

L. A. Boileau.

Paris, juin 1849.

beaucoup emprunté. Parmi ces ouvrages je dois citer le *Manuel d'histoire universelle* de M. Ott, les études physiologiques sur les *Fonctions du système nerveux* du Dr Cerise, et surtout l'*Introduction à la Science de l'histoire* de M. Buchez, ouvrage capital où sont enseignés la plupart des principes généraux dont j'ai cherché à faire l'application. (*Note du 1er juin 1853.*)

DU PROGRÈS
DANS L'ART MONUMENTAL

RECHERCHES HISTORIQUES, ESTHÉTIQUES ET SCIENTIFIQUES APPLIQUÉES A LA COMPOSITION D'UNE FORME ARCHITECTURALE NOUVELLE SOUS LE DOUBLE RAPPORT DE LA CONSTRUCTION ET DE LA DÉCORATION OU DU STYLE

Le titre de cet ouvrage et, surtout, le plan qui se trouve ci-après, indiquent assez quel en est l'objet. Il contient : un résumé de tout ce qui a été écrit de plus avancé, jusqu'à présent, sur les beaux-arts en général et sur l'art chrétien en particulier, par les sommités littéraires et artistiques;

Une méthode pour la classification des œuvres monumentales de tous les temps et de tous les pays;

Un exposé historique du développement de l'art;

Un examen philosophique des lois de l'esthétique et du progrès, et une déduction conforme à la logique, justifiée par la pratique, des conséquences auxquelles les connaissances acquises jusqu'à ce jour donnent lieu.

Plan et division de l'Ouvrage

5. Les monuments religieux sont les premiers et les plus sûrs indices de la marche de l'art.
6. Caractères distinctifs des principaux termes des progrès accomplis dans l'art monumental, au point de vue de l'expression sentimentale.
7. Vérification des caractères distinctifs reconnus précédemment, au point de vue de la construction. Formes qui en résultent.
8. Défauts des classifications chronologiques et géographiques.
9. Classification des monuments de tous les temps et de tous les peuples, en tableau synoptique.
10. De l'invention et de l'imitation, ou de la création des types.

CHAPITRE DEUXIÈME.

Synthèse primitive.

1. Civilisation et art de cet âge.
2. Remarques sur la construction des monuments appartenant à la première synthèse.

CHAPITRE TROISIÈME.

Synthèse Indo-Égyptienne ou Brahmanique.

1. L'Inde, l'Égypte.
2. Nations principales qui ont subi l'influence de la deuxième synthèse d'art.
3. Fausseté de l'initiative attribuée à la Grèce.
4. Véritable rôle des Romains dans le développement de l'art monumental.
5. Moyens mécaniques des anciens.

CHAPITRE QUATRIÈME.

Synthèse chrétienne.

1. Établissement du christianisme.
2. Point de départ de l'art chrétien.
3. Élément latin.
4. Élément byzantin.
5. Fusion des deux éléments.
6. Part des Arabes.
7. Introduction des Tours.
8. Peinture et sculpture de la transition.
9. Système roman. — Forme typique du temple chrétien.
10. Construction et économie architectoniques des édifices romans.—Exceptions romano-byzantines.
11. Ornementation et statuaire romanes.
12. Système ogival. — Action exercée par la France au treizième siècle.
13. De l'expression sentimentale inhérente aux monuments du système ogival.
14. De la construction ogivale, ou l'ogive érigée en système.
15. De l'invention et des inventeurs du système ogival.
16. La décoration ogivale.—Ornementation, statuaire, vitraux.
17. Peinture chrétienne.
18. La décoration polychrôme dans l'art chrétien.
19. Le symbolisme dans les églises du moyen âge.
20. Les artistes du moyen âge.
21. Les différents styles du système ogival.
22. La renaissance.
23. L'art monumental de nos jours.
24. Les promoteurs du mouvement progressif qui s'opère. — Feu Louis Piel.

TROISIÈME PARTIE.

Le monument du dix-neuvième siècle, ou l'invention.

1. Récapitulation des tendances du progrès dans l'art monumental.
2. Perfectionnements qui doivent être réalisés maintenant.
3. Description d'un monument composé en application des principes qui précèdent.
4. Conclusion.

NOTES ADDITIONNELLES ET BIBLIOGRAPHIE.

L'ouvrage formera un volume grand in-8° accompagné de planches. Il paraîtra dès qu'on aura réuni un nombre suffisant de souscriptions.

On souscrit à Paris, chez Gide et Baudry, rue Bonaparte, 5, et chez l'Auteur, rue de Sèvres, 11.

Ouvrages du même Auteur qui se trouvent aux adresses ci-dessus.

1° **Traité complet de l'évaluation de la menuiserie.** 1 fort volume grand in-8°, avec atlas. — Prix 15 fr. — Se trouve aussi à la librairie de Carilian-Gœury, quai des Grands-Augustins.

2° **De l'Art religieux et monumental,** à propos de la restauration et de la construction d'églises gothiques dans les Vosges. Brochure in-8°. — Prix : 50 centimes.

3° **Esquisse scénographique et historique de Saint-Pierre-d'Aire-sur-la-Lys.** Grand in-folio avec planches. Se trouve aussi à la librairie de Curmer, rue Richelieu, 47.

TABLE DES MATIÈRES

Paris. — Imprimerie de J. Claye et Ce, rue Saint-Benoît, 7.

Par suite de l'exiguïté de leur format et des procédés par lesquels elles ont été obtenues, les planches ci-après ne donnent pas toutes une idée exacte des compositions. La vue perspective du grand monument ne saurait particulièrement remplacer la vue du modèle en relief. L'auteur engage donc les personnes qui désireraient se former une opinion plus arrêtée à l'égard de sa nouvelle forme architecturale, à vouloir bien prendre connaissance des pièces originales chez lui, rue de Sèvres, n° 11.

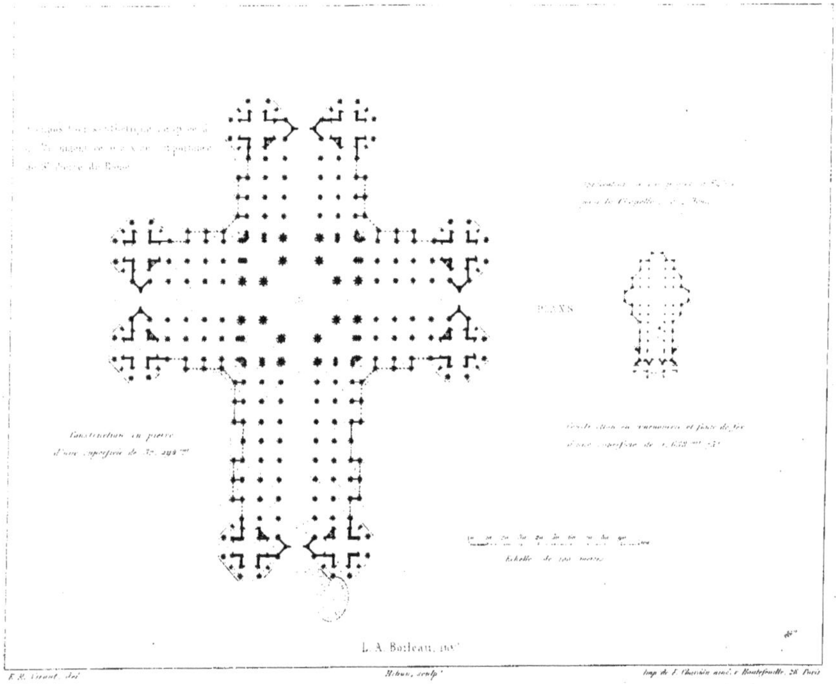

Imp. de J. Chardon aîné, r. Hautefeuille, 26 Paris

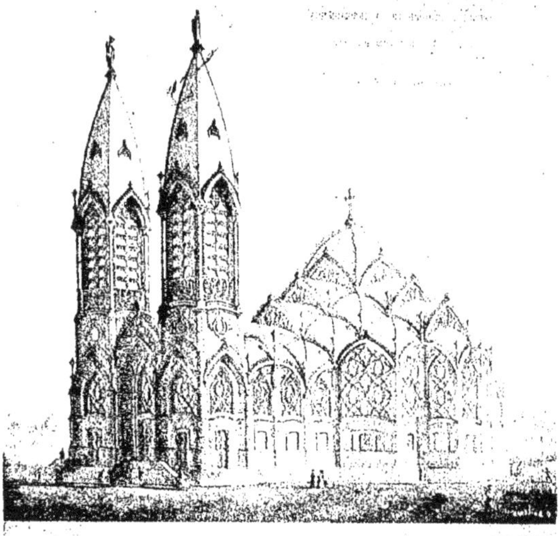

www.ingramcontent.com/pod-product-compliance
Ingram Content Group UK Ltd.
Pitfield, Milton Keynes, MK11 3LW, UK
UKHW031930260826
14628UKWH00004B/1534

9 782019 679989